理解中国道路丛书

总主编　赵剑英

迈向共同富裕之路

黄群慧　邓曲恒　著

中国社会科学出版社

图书在版编目(CIP)数据

迈向共同富裕之路/黄群慧,邓曲恒著.—北京:中国社会科学出版社,2022.8

(理解中国道路丛书)

ISBN 978 – 7 – 5227 – 0262 – 9

Ⅰ.①迈⋯　Ⅱ.①黄⋯ ②邓⋯　Ⅲ.①共同富裕—研究—中国
Ⅳ.①F124.7

中国版本图书馆 CIP 数据核字(2022)第 091535 号

出 版 人	赵剑英
项目统筹	王　茜　张　潜
责任编辑	黄　晗
责任校对	李　剑
责任印制	王　超

出　　版	中国社会科学出版社
社　　址	北京鼓楼西大街甲 158 号
邮　　编	100720
网　　址	http://www.csspw.cn
发 行 部	010 – 84083685
门 市 部	010 – 84029450
经　　销	新华书店及其他书店

印刷装订	北京君升印刷有限公司
版　　次	2022 年 8 月第 1 版
印　　次	2022 年 8 月第 1 次印刷

开　　本	650×960　1/16
印　　张	9.75
字　　数	91 千字
定　　价	48.00 元

凡购买中国社会科学出版社图书,如有质量问题请与本社营销中心联系调换
电话:010 – 84083683

总　序

　　当今世界进入新的动荡变革期，百年变局和世纪疫情叠加，逆全球化趋势加剧，单边主义愈演愈烈，全球经济复苏脆弱乏力，世界之变、时代之变、历史之变的特征愈加明显。一些西方国家反华势力刻意歪曲事实，"污名化""妖魔化"中国道路，试图抹黑中国、孤立中国、遏制中国，但以习近平同志为核心的党中央团结带领全党全国各族人民，采取一系列战略性举措，推进一系列变革性实践，实现一系列突破性进展，取得一系列标志性成果。党和国家事业取得历史性成就、发生历史性变革，成功推进和拓展了中国式现代化，创造了人类文明新形态。西方敌对势力的遏制、打压，阻碍不了新时代中国特色社会主义的健康发展，中国特色社会主义道路越走越宽广，中国制度日益显示出独特优势和强大生命力，中国特色社会主义道路的世界意义、示范意义进一步彰显。

中国从落后弱小、饱受欺凌到站起来、富起来、强起来，一步步达到今天的历史成就，中华民族的发展道路堪称苦难辉煌。然而迄今为止，只有我们中国人自己方能知晓近代以来中华民族振兴过程中筚路蓝缕、以启山林的艰辛，以及今日以更加进取、自信、成熟的姿态大步走向世界舞台中央的不易。不能忽视的是，从中国到世界，从世界到中国，依然有着不小的物理和心理距离。至少，世界对中国成就和道路的认知，尚笼罩在碎片化的"晕轮效应"之中；在解读中国道路、中国成就、中国奇迹的众多声音中，我们自己的声音往往成为被淹没的那一个；大量充满偏见、谬见乃至敌意的观念大行其道。在日趋复杂的历史潮流中，为世界人民阐释中国道路对于开创人类文明形态的原创性贡献，讲好中国道路的故事，乃当今中国学者应当承担的重要使命。

为此，中国社会科学出版社组织国内一流专家学者编写了"理解中国道路"丛书，该丛书包含中文、英文双语版本，图文并茂，力求化学术话语为大众话语，从全过程人民民主、共同富裕、对外开放、文明之路、生态建设、人权发展、大国外交等方面，向海内外读者系统展现中国道路的基本面貌、历史逻辑、辉煌成就。丛书有助于增进海外读者特别是西方人士对当代中国的了解，让世界民众认识到，西方现代化模式并非人类历史进化的唯一途径，中国式现代化道路创造了人类文明新形态。

2022 年 8 月

目　录

绪论 扎实推进共同富裕

共同富裕自古以来就是中国人民追求的一种理想的社会经济状态，在春秋战国时期就有"以天下之财、利天下之人"（《管子·霸言》）的治国理政主张，而大家耳熟能详的"天下为公""天下大同"的美好愿景中就包含着共同富裕的基本思想要素。在经济学话语体系中，共同富裕是一种处理好效率与公平关系的过程和结果。在当今中国，实现共同富裕既是社会主义的本质要求，也是中国实现现代化的重要特征。中国现代化进程已经进入一个新发展阶段，未来15年左右，中国将基本实现社会主义现代化，共同富裕将取得更加明显的实质性进展；在未来30年左右，中国将建成社会主义现代化强国，并基本实现共同富裕。这是中国共产党领导中国人民建设社会主义现代化国家的奋斗目标。

（一）社会主义、现代化与共同富裕

共同富裕，从字面可以理解为全体人民共同的富裕生活，这一方面意味着是社会生产力高度发达基础上的富裕生活状态，另一方面意味着全体人民都能够共享生产力高度发达的结果，实现普遍过上富裕生活的状态。从人类社会的发展进程来看，几乎所有的国家都希望构建一个生产力高度发达的富裕社会，但不是每个国家都追求全体人民共同富裕的社会。理解中国的共同富裕，需要从社会主义本质要求和现代化道路两个相互关联的视角切入。

从社会主义视角看，全体人民的共同富裕是中国建设社会主义的本质要求。在马克思主义经典作家看来，共同富裕是社会主义的一个核心特征。社会主义的生产要以所有人的富裕为目的，共同劳动所创造的财富为全体劳动者造福。因此，在新中国成立初期，毛泽东就提出：现在我们实行这么一种制度，这么一种计划，是可以一年一年走向更富更强的，一年一年可以看到更富更强些。而这个富，是共同的富，这个强，是共同的强。这种共同富裕，是有把握的。① 在改革开放之初，邓小平同志不仅仅关注解放和

---

① 《毛泽东文集》第6卷，人民出版社1999年版，第495—496页。

发展生产力问题，还十分关注共同富裕问题，认为共同富裕将来总有一天要成为中心课题。1992 年邓小平同志在南方谈话中指出：社会主义的本质，是解放生产力，发展生产力，消灭剥削，消除两极分化，最终达到共同富裕。除此之外，邓小平同志还认为共同富裕是"社会主义的目的""社会主义的原则"和"社会主义最大的优越性"。①

党的十八大以来，习近平总书记在不同场合反复强调：共同富裕是中国特色社会主义的根本原则，实现共同富裕是我们党的重要使命，我们追求的发展是造福人民的发展，我们追求的富裕是全体人民共同富裕，要让发展成果更多更公平惠及全体人民，不断促进人的全面发展，朝着实现全体人民共同富裕不断迈进。也就是说，实现全体人民的共同富裕，这内嵌于社会主义的本质、目标和原则的要求之中，是社会主义制度优越性的重要体现。

从现代化视角看，共同富裕是中国式现代化道路的一个重要特征。新中国的现代化进程，大体经历了三个时期：一是社会主义革命和建设时期，确立社会主义基本制度、推进社会主义建设，建立了独立的比较完整的工业体系和国民经济体系，为中国式的现代化道路奠定了根本政治前提和经济基础；二是改革开放和建设中国特色社会主义新

---

① 《邓小平文选》第 3 卷，人民出版社 1993 年版，第 364、373 页。

时期，中国经济创造了世界奇迹，形成了充满新活力的社会主义市场经济体制，实现了人民生活从温饱不足到总体小康、奔向全面小康的历史性跨越，中国式现代化道路基本成形；三是中国特色社会主义建设新时代，全面建成小康社会，基本实现了工业化，实现第一个百年奋斗目标，中国式现代化道路的理论和制度体系日趋完善，物质基础更为坚实，全国人民对中国式现代化道路更加自信。

现代化作为一个世界范围内的发展现象和发展过程，体现出18世纪工业革命以来人类社会发展趋势和文明进步，无疑具有共性的特征。中国式现代化则体现出了鲜明的中国特色，其最为根本的特点是中国共产党领导的立足于世界第一人口大国国情的社会主义现代化，这个根本的特点决定了中国式现代化，是人口规模巨大的现代化，是全体人民共同富裕的现代化，是物质文明和精神文明相协调的现代化，是人与自然和谐共生的现代化，是走和平发展道路的现代化。

共同富裕本身可以是一个状态或结果，也可以是一个过程或行为。作为一种状态或结果，共同富裕意味着全体人民都过上富裕美好的生活，是全社会所有人的整体富裕。共同富裕，与贫富悬殊的两极分化"反义"，但又与平均主义的"均富"不"同义"。共同富裕所描述的不是少数人富裕、贫富差距巨大的状态，也不是平均主义的同等富裕、一样富裕的情况；作为一个过程或者行为，共同富裕则意味共同致富和共同发展，全体人民都有追求发展、勤劳致富的共同的权利和机会，通过共同努力和共同奋斗的过程，最终实现全体人民的共同发展。共同富裕也不是没有差别的同步富裕，可以一部人先富裕起来，先富带动后富。

"贡茶之乡""仙茶之源"——湖南省安化县仙溪镇，年产茶1008余吨，产值超1.2亿元，为产业兴旺、乡村振兴、全域旅游做出了重要贡献。

作为中国式现代化的重要特征，共同富裕作为一种状态或结果，体现为中国式现代化的目标要求；共同富裕作为一个过程或行为，则体现为中国式现代化的实现路径。从目标要求看，其一方面内涵是要求中国实现社会生产力高度发展、社会全面进步的发达状态——"富裕","富裕"不仅仅是指生产力高度发达的物质富裕,还包括社会进步的精神富裕。另一方面内涵是要求现代化成果由全体人民共享,满足全体人民的美好生活的需要——"共同"。共同富裕作为中国式现代化的目标要求,体现了中国共产党为全体人民谋福利的社会主义价值观,也是建成社会主义现代化强国的重要衡量标准。从实现路径看,要正确处理公平与效率的关系,在现代化进程中要以共享发展理念为指导,形成人人参与发展过程、人人享有发展成果的公平普惠的环境条件和制度体系,要动态把握发展生产力与消除两极分化两方面的现代化战略任务,形成既有利于促进生产力发展又有利于缩小贫富差距的现代化政策体系。

2021年中国现代化进程进入一个新发展阶段,需要把促进共同富裕摆在更加重要的位置,《中共中央关于制定国民经济和社会发展第十四个五年规划和二〇三五年远景目标的建议》,提出到2035年全体人民共同富裕取得更为明显的实质性进展。作为中国特色社会主义本质要求和中国现代化道路重要特征的共同富裕,是一个长期的奋斗目标,不可能一蹴而就,也不可能齐头并进,是一个长期的历史过程,实现共同富裕是一个在动态中向前发展的过程。党的十九大报告将共同富裕过程分为三个阶段:到2035年,人民生活更为宽裕,中等收入群体比例明显提高,城乡区域发展差距和居民生活水平差距显著缩小，基本公共服务均等化基本实现，全体人民共同富裕迈出坚实步伐；到本世纪中叶，全体人民共同富裕基本实现，中国人民将享有更加幸福安康的生活。

（二）中国探索共同富裕的历程

自中国共产党成立之日起，就确立了为中国人民谋幸福、为中华民族谋复兴的初心使命，将实现中国人民的共同富裕作为自己的奋斗目标。新中国成立以后，中国共产党开始领导中国人民踏上实现社会主义现代化的征程。1949 年 9 月 21 日的《中国人民政治协商会议共同纲领》明确提出：发展新民主主义的人民经济，稳步地变农业国为工业国。在 1953 年，中国共产党正式提出过渡时期的总路线：在 一个相当长的时期内，逐步实现国家的社会主义工业化，并逐步实现国家对农业、对手工业和对资本主义工商业的社会主义改造。在社会主义改造基本完成后，中国共产党的第八次全国代表大会提出：集中力量发展社会生产力、实现国家工业化，逐步满足人民日益增长的物质和文化需要，是全国人民的主要任务。在这个时期，确立了计划经济体制，中国共产党以社会主义国家工业化道路作为实现全国人民共同富裕的基本路径，试图把中国建设成为现代农业、现代工业、现代国防和现代科学技术的社会主义现代化国家。

经过实施几个五年计划，新中国在工业化建设中取得了重大成就，建立起独立的比较完整的工业体系和国民经济体系，农业生产条件显著改善，教育、科学、文化、卫生、体育事业都有了很大发展，特别是"两弹一星"等国防尖端科技不断取得突破，国防工业从无到有逐步发展起来。1980 年同完成经济恢复的 1952 年相比，全国工业固定资产按原价计算，增长 26 倍多，达到 4100 多亿元。主要工业品中棉纱产量增长 3.5 倍，达到 2913 万吨；原煤产量增长 8.4 倍，达到 62000 万吨；发电量增长 40 倍，达到 3000 多亿度；原油产量达到 10500 多万吨，钢产量达到 3700 多万吨，机械工业产值增长 53 倍，达到 1270 多亿元。[①] 这无疑为共同富裕奠定了一定的经济基础。

新中国成立以后的完成社会主义革命和推进社会主义建设时期，建立了以公有制为基础的社会主义经济制度，这对实现共同富裕具有决定性意义。但是，具体如何发展生产力、如何能够既强调公平同时又能保证效率，则需要一个探索和创新过程。这个时期，把实现共同富裕更多地视为同步富裕，计划经济体制的弊端极大地束缚了生产力

---

① 《中国共产党中央委员会关于建国以来党的若干历史问题的决议》，人民出版社1981 年版，第 8 页。

的发展，过于担心出现贫富不均而忽视了效率和激励问题，平均主义的"大锅饭"体制把共同富裕引导向共同贫穷。

改革开放以后，中国共产党深刻认识到，社会主义条件的共同富裕决不等于也不可能是完全平均富裕，决不等于也不可能是所有社会成员在同一时间以同等速度富裕起来。共同富裕的道路应该是非均衡的发展路径，一部分地区有条件先发展起来，让一部分有能力、有作为的人，通过勤劳努力、诚实劳动、合法经营先富起来，先富起来的就有能力帮助和扶持还没富起来的地区和人们，然后走向共同富裕。于是形成了一条中国特色的社会主义"先富带后富、走向共富"的共同富裕之路，或者说是"先富—后富—共富"的波浪式前进的共同富裕路径。从效率与公平的关系看，没有效率，就难以创造出实现共同富裕的物质基础；而没有公平，就不可能实现共同富裕。允许"先富"意味着强调效率优先，而带动"后富"意味着兼顾公平，走向"共富"也是很好地处理了效率与公平的关系。

改革开放和社会主义建设时期，中国共产党开创性地确立社会主义市场经济体制的改革方向，更大程度、更广范围发挥了市场在资源配置中的基础作用，坚持和不断完善社会主义初级阶段公有制为主体、多种所有制经济共同发展的基本经济制度，坚持和不断完善按劳分配为主体、多种分配方式并存的分配制度，实现了从高度集中的计划经济体制到充满活力的社会主义市场经济体制、从封闭半封闭到全方面开放的历史性转变，这极大地解放了生产力，加快推进了中国工业化和现代化。中国用几十年的时间走完了发达国家几百年的工业化进程，创造了经济快速增长和社会长期稳定的奇迹。中国从生产力相对落后到经济总量跃居世界第二的历史性突破，实现了人民生活从温饱不足到总体小康、奔向全面小康的历史性跨越，推进了中华民族从站起来到富起来的伟大飞跃。

随着生产力的发展和国力的不断提升，改革开放和社会主义现代化建设时期共同富裕迈出了坚实的步伐，体现出从"先富"到"共富"的发展趋势。在政策方向上不断强调，更加注重社会公平，着力提高低收入者收入水平，逐步扩大中等收入者比重，有效调节过高收入，坚决取缔非法收入，促进共同富裕。尤其是针对农民的贫困这一中国走向和实现共同富裕的难点，出台系列强农惠农富农政策，建立以工业反哺农业和推进城乡一体化为核心的农业农村和农民的政策体系，2006年1月1日起废止了具有2600年历史的农业税，社会主义新农村建设取得了巨大的成就。同时，中央和地方各级政府不断加大对扶贫工作的财政资金投入，历年的财政扶贫投入不断增加，从

2001 年的 127.5 亿元人民币增加到 2010 年的 349.3 亿元人民币，年均增长 11.9%，十年累计投入 2043.8 亿元人民币。[①]

　　党的十八大以后，中国特色社会主义进入新时代，党领导全国人民统筹推进经济建设、政治建设、文化建设、社会建设、生态文明建设"五位一体"的社会主义事业总体布局，协调推进全面建成小康社会、全面深化改革、全面依法治国、全面从严治党的"四个全面"[②]的战略布局。以习近平同志为核心的党中央更加强调发展成果更多更公平地惠及全体人民，在经济社会不断发展的基础上，朝着共同富裕方向稳步前进，并明确提出到 2020 年末将实现中国现行标准下所有农村贫困人口脱贫，彻底消除绝对贫困，贫困县全部摘帽，解决区域性整体贫困，打赢脱贫攻坚战，稳定实现农村贫困人口不愁吃、不愁穿，义务教育、基本医疗和住房安全有保障，实现贫困地区农民人均可支配收入增长幅度高于全国平均水平，基本公共服务主要领域指标接近全国平均水平。尤其是通过"精准扶贫"和"精准脱贫"战略的实施，为中国全部贫困人口脱贫、走向共同富裕起到了关键作用。

---

　　① 国务院新闻办公室：《〈中国农村扶贫开发的新进展〉白皮书》，http://www.gov.cn/zhengce/2011-11/16/content_2618564.htm。
　　② 在 2021 年中国全面建成小康社会后，"十四五"规划中"全面建成小康社会"被"全面建设社会主义现代化国家"所替代。

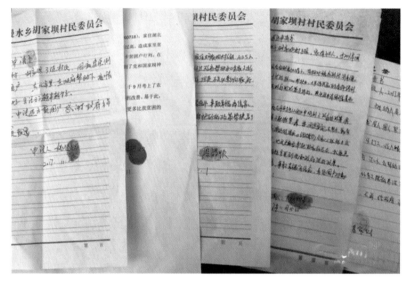

2017年12月5日，湖北省恩施州来凤县漫水乡胡家坝村5户"建档立卡贫困户"向当地政府提出申请，要求退出贫困户的序列。

　　党的十八大以来，完成了现行标准下9899万农村贫困人口全部脱贫，832个贫困县全部摘帽，12.8万个贫困村全部出列。中华民族在几千年发展历史上首次整体消除了绝对贫困，实现了中国人民千年梦想、百年夙愿，① 这对于中国这样一个具有14亿人口的世界头号人口大国，是中国历史上开天辟地的成就，是人类历史上空前的壮举，对整个人类社会持续发展贡献巨大。这正如习近平总书记所指出："世界上没有哪一个国家能在这么短的时间内帮助这么多人

---

　　① 中华人民共和国国务院新闻办公室：《人类减贫的中国实践》，人民出版社2021年版，第11页。

脱贫，这对中国和世界都具有重大意义。"[①] 2021 年 6 月，《中共中央 国务院关于支持浙江高质量发展建设共同富裕示范区的意见》发布，赋予浙江先行先试、为全国实现共同富裕探路的使命。

美丽新农村——浙江省桐庐县合岭村

2021 年 7 月 1 日，习近平总书记代表中国共产党和人民庄严宣告，经过全党全国各族人民持续奋斗，我们实现了第一个百年奋斗目标，在中华大地上全面建成了小康社会，历史性地解决了绝对贫困问题，正在意气风发向着全面建成社会主义现代化强国的第二个百年奋斗目标迈进。在这个新的现代化征程上，推进人的全面发展、全体人民共同富裕要取得更为明显的实质进展，这是推动中国式现

---

① 习近平：《在决战决胜脱贫攻坚座谈会上的讲话（2020 年 3 月 6 日）》，人民出版社 2020 年版，第 6 页。

代化进程、实现第二个百年目标的一项重大战略性任务。

（三）新时代共同富裕的基础条件

经过中国共产党的百年探索，尤其是经过中国共产党领导的新中国70多年社会主义建设，中国特色社会主义事业进入到新发展阶段，中国特色社会主义制度日趋完善成熟，全面建成了小康社会，实现了中国共产党成立一百年的目标，为进一步实现全体人民共同富裕提供了更为完善的制度基础保证、更为坚实的物质基础条件和更为主动的精神力量源泉。

中国特色社会主义制度是党和人民在长期实践探索中形成的科学制度体系，是当代中国发展进步、取得伟大成就的根本保障，也是未来实现第二个百年目标、推动实现中华民族伟大复兴历史进程和实现全体人民共同富裕的制度保证。中国特色社会主义制度是以马克思主义为指导、结合中国国情、深植中华文化、具有强大生命力和巨大优越性的制度和治理体系，是能够持续推动中国现代化事业进步和发展、确保走向全体人民共同富裕的制度和治理体系。

实践充分表明，中国特色社会主义制度和中国的国家治理体系具有多方面的显著优势，包括保持政治稳定、发展人民民主、保障公平正义、集中力量办大事、人民团结奋斗、社会主义与市场经济结合、解放和发展生产力、文化思想先进、促进共同富裕、保持社会活力、促进优秀人才辈出、保证国家主权安全等各个方面，是坚定中国特色社会主义道路自信、理论自信、制度自信、文化自信的基本依据。例如，中国共产党开创的社会主义市场经济体制和社会主义基本经济制度，将市场在资源配置中起决定性作用和更好地发挥政府作用有机统一，既发挥了市场经济的长处，又发挥了社会主义制度的优越性，在社会主义条件下发展市场经济，是中国共产党的一个伟大创举，是中国经济发展获得巨大成功的一个关键因素。进入新时代以来，中国共产党领导人民统筹推进"五位一体"总体布局、协调推进"四个全面"战略布局，推动中国特色社会主义制度更加完善、国家治理体系和治理能力现代化水平明显提高，这为走向全体人民共同富裕提供了更为完善的制度保障。

从现代化进程看，中国经济现代化已经取得了举世瞩目的成就，已经具备了进一步推进实现全体人民共同富裕的基础条件。经过中华民族伟大复兴的百年历程，中国已经站在了一个新的历史起点上，中国已经全面建成小康社会，进入到一个新发展阶段。在当前这个历史起点下，中国经济持续健康发展，经济发展平衡性、协调性、可持续性明显增强，进入了创新型国家行列，工业化已经基本实现，信息化水平大幅提升，城镇化质量明显提高，农业现代化乡村振兴成效显著，人民民主不断扩大，民主制度日趋完善，文化软实力已经显著增强，人民生活水平全面提高，资源节约型、环境友好型社会建设已经取得重大进展。

尤其是从工业化进程来看，改革开放以来，中国快速地推进了工业化进程。经济学工业化理论一般把工业化进程划分为前工业化、工业化初期、工业化中期、工业化后期以及后工业化五个阶段。基于对工业化内涵的基本理解，可以利用人均 GDP、三次产业产值比例、制造业增加值占总商品增加值的比例、人口城市化率、第一产业就业占总体就业的比重五个指标并赋予不同权重，取发达国家这五个指标在不同工业化阶段的经验数值范围作为标准值，构造了工业化水平综合指数。基于对工业化水平综合指数多年连续跟踪计算，2011 年以后中国工业化水平就进入了工业化后期，2019 年工业化水平综合指数为 92，而一个国家实现工业化的综合指数为 100，中国已经十分接近。① 中国已经比历史上任何时候都接近实现工业化，工业化进程已经大于 90％，甚至可以认为基本实现工业化，这意味着，党的十六大提出、十七大和十八大重申的到 2020 年中国基

① 黄群慧、李芳芳等：《中国工业化进程报告（1995—2020）——"十三五"回顾与"十四五"展望》，社会科学文献出版社 2020 年版，第 45 页。

本实现工业化，这个目标现在看来已经实现。

从具体的经济指标看，中国经济发展取得了令人瞩目的辉煌成就，为进一步实现全体人民共同富裕奠定了更为坚实的物质基础。2020 年中国的国内生产总值达到 1015986 亿元，人均国民生产总值超过了 1 万美元，中国经济总量占世界经济的比重达到 17.3%。在 2010 年超越日本成为世界第二大经济体至今，中国经济增长被世界誉为"中国经济奇迹"。中国已经成为世界第二大经济体、世界第一制造业大国、世界第一贸易大国，中国已经建立了世界最完整的产业体系、拥有了发达完善的基础设施，中国基本实现了工业化。作为世界第一大工业产出国，500 种主要工业品中中国有 220 多种产量位居全球第一，原煤、水泥、粗钢、钢材、化肥、电视机等主要制造产品产量已经连续多年居世界前列。毛泽东在新中国成立之初曾提到的一辆都不能造的汽车和拖拉机[①]，到 2020 年中国汽车产量达 2532.5 万辆，大型拖拉机产量达 70432 台。可以说，中国是名副其实的制造业第一大国。制造业是最为重要的贸易品，与第一制造业大国地位相匹配，2013 年中国也成为世界第一的货物贸易大国，中国制造的产品已经出口世界 230 多个国家和地区。这一切都为开启全面建设社会主

---

① 本书编写组：《中国共产党简史》，人民出版社、中共党史出版社 2021 年版，第174 页。

义现代化新征程、进一步推进全体人民共同富裕奠定了雄厚的物质基础。

上海港集装箱吞吐量连续12年蝉联世界第一，其中洋山港贡献率超50%。图为洋山港四期自动化码头的忙碌一景，该港是全球规模最大的自动化集装箱码头，装卸运均采用自主研发的智能系统。

新时代中国推进共同富裕，还在于中国共产党领导的积极主动的精神力量。习近平总书记指出："一百年前，中国共产党的先驱们创建了中国共产党，形成了坚持真理、坚守理想，践行初心、担当使命，不怕牺牲、英勇斗争，对党忠诚、不负人民的伟大建党精神，这是中国共产党的精神之源。一百年来，中国共产党弘扬伟大建党精神，在长期奋斗中构建起中国共产党人的精神谱系，锤炼出鲜明的政治品格。"① 经过百年奋斗和代代传承，中国共产党人具有强大的精神力量。

尤其是进入新时代以来，习近平总书记推动全面从严治党，要求牢记打铁必须自身硬的道理，增强全面从严治党永远在路上的政治自觉，以党的政治建设为统领，不断推进新时代党的建设新的伟大工程。中国共产党的精神力量更加积极主动，对于推进全体人民共同富裕的目标实现提供了更加有力的精神保障。以人民为中心、人民至上是中国共产党的价值观，实现全体人民共同富裕是中国共产党确立的伟大的、高尚的目标，中国共产党已经是拥有9500 万党员的第一大执政党，始终代表最广大人民根本利益，与人民休戚与共、生死相依，始终团结带领中国人民不断为美好生活而奋斗，这构成了中国走向共同富裕的理想信念基础。

在充分认识到中国扎实推进共同富裕具备的制度基础保证、物质基础条件和精神力量源泉的同时，还需认识到中国发展还存在不平衡不充分问题，这也是新发展阶段推进共同富裕面临的基础条件，也是推进共同富裕需要面对的挑战和重点解决的困难。

从总体上看，中国现代化进程并不平衡，经济和社会

---

① 习近平：《在庆祝中国共产党成立 100 周年大会上的讲话（2021 年 7 月 1 日）》，人民出版社 2021 年版，第 8 页。

之间、农村和城镇之间、产业之间、区域之间发展还有很多不协调的地方，信息化、智能化和数字化水平还有待提高，区域经济发展水平差距仍较大，城镇化与工业化良性互动发展还不充分，城镇化水平总体落后于工业化水平，城乡差距还较大，以人为核心的城镇化质量水平有待提升，农业现代化与工业化的协调发展还不充分，农业现代化还是制约中国现代化进程的短板。从收入分配角度看，整体上中国居民收入差距仍较大，近些年中国基尼系数基本处于 0.46—0.47 的高位，中等收入群体占比还不够大，中国城乡居民可支配收入之比虽然近些年不断下降，但 2020 年仍有 2.56。尤其是不同人群享有的基本公共服务还不均等，不同地区之间、城乡之间基本公共服务的质量和水平仍有较大的差异。因此，针对发展的不平衡不充分问题，以新发展理念为指导，注重协调发展和共享发展，在高质量发展中扎实推进共同富裕是新时代中国共产党人的重大使命。

（四）共同富裕的基本思路与重点任务

实现共同富裕一定是一个长期的历史过程，这既意味着实现共同富裕是一项伟大的历史任务，也意味着实现共同富裕不能一蹴而就、是十分艰巨的历史任务。面对这个伟大而艰巨的历史任务，中国扎实推进共同富裕的基本思路是：坚持以人民为中心的发展思想、在高质量发展中促进共同富裕，正确处理效率和公平的关系，构建初次分配、再分配、三次分配协调配套的基础性制度安排，加大税收、社保、转移支付等调节力度并提高精准性，扩大中等收入群体比重，增加低收入群体收入，合理调节高收入，取缔非法收入，形成中间大、两头小的橄榄型分配结构，促进社会公平正义，促进人的全面发展，使全体人民朝着共同富裕目标扎实迈进。[①]

这意味着，在新发展阶段扎实推进共同富裕，中国要以创新发展、协调发展、开放发展、绿色发展和共享发展的新发展理念为指导实现高质量发展，在高质量发展中不断解放和发展社会生产力，不断创造和积累社会财富，通过分配制度安排防止两极分化。更加通俗地说，实现共同富裕目标，首先要通过全国人民共同奋斗把"蛋糕"做大做好，然后通过合理的制度安排把"蛋糕"切好分好。这对政府治理是一个更有挑战性的重大任务，对政府科学执政、民主执政、依法执政提出了更高要求。因此，推进全体人民共同富裕取得明显的实质性进展，必须加快推进治理能力与治理体系现代化，为实现共同富裕提供更好的制度保障。

---

① 习近平：《扎实推进共同富裕》，《求是》2021 年第 20 期。

一方面，要把"蛋糕"做大做好，一定要保持经济增速处于合理区间，实现 2035 年人均国内生产总值达到中等发达国家水平的经济增长目标。实现共同富裕首先要保证"富裕"，中国现在还是中等收入国家，要通过持续深化改革开放不断解放和发展生产力，通过创新驱动保证中国经济增长处于合理区间，保证不断提升"富裕"水平和持续做大"蛋糕"能力。基于现代化规律，到工业化后期和后工业化阶段，经济潜在增速开始下降。为此，在新发展阶段，既要保证宏观经济政策的稳定性和连续性，促进供给侧结构性改革政策与需求侧管理政策有效协同，从而实现经济潜在增长率；又要通过深化体制机制改革和实施高水平开放，提高科技创新水平和高水平自立自强能力，进一步畅通国民经济循环，不断提升经济潜在增长率。

另一方面，要把"蛋糕"切好分好，以完善分配格局为重要抓手，通过合理制度安排在促进高质量发展与构建新发展格局中推动共同富裕。新发展阶段中国主要矛盾是人民日益增长的美好生活需要与不平衡不充分发展之间的矛盾，如何提高发展的平衡性、协调性、包容性，推进高质量发展，是新发展阶段深化现代化进程的关键。而在分配领域的不平衡不充分问题是制约高质量发展的一个主要矛盾，从构建新发展格局角度看，这也是生产、交换和消费各环节循环畅通，实现高水平供需动态平衡的一个关键制约。分配领域存在的问题主要表现为：在收入分配格局中居民可支配收入水平和劳动报酬在初次分配的份额都有待提高，行业收入差距、城乡收入差距还比较大。居民收入差距虽从 2008 年以来有缩小趋势，但总体还处于高位波动，基尼系数基本处于 0.46—0.47 的区间。公共服务均等化还需要进一步推进，居民财产差距还将持续扩大。

针对这些问题，在新发展阶段，需要围绕人的全面发展深化分配体制改革，在一次分配中要注重经济增长的包容性和协调性，二次分配中要加大分配力度和聚焦公平公正，三次分配中要强化企业社会责任和社会主义核心价值观。要提高社会流动性，逐步实现全体人民收入水平、财富存量水平、公共服务水平不断提升，中等收入群体显著扩大，基本公共服务实现均等化，城乡区域发展差距和居民生活水平差距显著缩小。这不仅会直接促进共同富裕的实质进展，也会促进以居民消费为主体的内需格局的形成，从而有利于加快构建国内大循环为主体、国内国际双循环相互促进的新发展格局。

基于上述推进共同富裕的基本思路，在高质量发展中具体需要完成以下六个方面的重点任务。

一是提高发展的平衡性、协调性、包容性，在协调发展中促进共同富裕。

这要求在发展过程中实现共享发展成果，以协调发展的过程实现共享发展的结果，通过区域平衡发展、产业协调发展、企业竞合共生的协调发展路径，既促进生产力发展、实现富裕，又缩小贫富差距、实现共享。

在区域协调发展方面，强化区域协调发展战略促进共同富裕的作用，提升区域协调发展水平，增强区域政策的发展协调性、平衡性。更加强调以人为核心的区域发展战略。区域发展战略的制定要尊重客观经济规律，发挥各地区比较优势，允许各类要素合理流动和高效集聚，切实加大生态补偿、财政转移支付、利益补偿的力度，缩小区域人均财政支出差异，加大对欠发达地区的支持力度，大力提高区域基本公共服务均等化、基础设施通达程度。

在城乡协调发展方面，要协同推进城镇化战略和乡村振兴战略，提升城乡协调发展水平，缩小城乡居民收入差距，强化以工补农、以城带乡，形成工农互促、城乡互补、协调发展、共同繁荣的新型工农城乡关系，加快推进农业现代化，以城市群、都市圈为依托促进大中小城市和小城镇、乡村协调联动发展，健全城乡融合发展、产业融合发展的体制机制，形成城乡生产要素平等交换、双向流动的完善的政策体系。

在产业协调发展方面，扭转实体经济与虚拟经济的结构失衡，深化金融供给侧结构性改革，健全具有普惠性的现代金融体系，加快构建金融为实体经济服务的体制机制，推进金融、房地产与实体经济的协调发展，缩小行业收入差距。在企业协调发展方面，要协调产业政策与竞争政策，强化竞争政策的基础作用，构建大中小企业、国有与民营企业、互联网平台企业与一般传统企业竞合共生的良好发展生态，清理规范不合理收入，重视企业社会责任。

二是扩大中等收入群体规模，提高中等收入群体质量。

中等收入群体一般可以认为是经济体中收入达到中等收入水平、生活相对较为宽裕的群体，按照国家统计局标准是 2018 年价格下家庭年收入介于 10 万—50 万元的三口之家，这部分人口大概有 4 亿左右，占比约为 29.4%。扩大中等收入群体的规模和比重，构建橄榄型收入分配格局，是促进共同富裕的有效途径。通过优化与完善人力资本结构、产业结构、基本公共服务体系，实现效率与公平的统一，在高质量发展过程中实现中等收入群体的扩大。

一方面，要精准施策，充分考虑到中国这个大国的区域差异、城乡差异、群体差异，针对有潜力进入中等收入群体的需求，依托经济发展战略，加强公共服务建设，优化资源再配置。具体包括提高高等教育质量，促进高校学生尽快适应社会发展需要；加大技能人才培养力度，提高技术工人工资待遇；改善营商环境，持续促进中小企业主增收；深化户籍制度改革，解决好农业转移人口市民化问题，稳定就业；提高公务员特别是基层一线公务员及国有企事业单位基层职工工资待遇；增加城乡居民住房、农村土地、金融资产等各类财产性收入；等等。

另一方面，要积极提升以人为中心的城镇化质量，以高质量城镇化为依托，以加快城市群、都市圈建设为主体，提升中等收入群体的人力资源水平、生活幸福感和收入水平。

三是做好基础性、兜底性民生建设，促进基本公共服务均等化。

底线公平和兜底民生是共同富裕最基本的应有内涵。全体人民共同富裕必须把每一个人的生存权和发展权放在优先位置，政府提供均等的公共服务和基础性、兜底性的民生建设，这是每个公民的基本权利要求，也是政府必须履行的基本职责。基本公共服务均等化是二次分配的核心，按照"幼有所育、学有所教、劳有所得、病有所医、老有所养、住有所居、弱有所扶"的"七有"目标，推进区域之间和城乡之间的公共基本服务均等化水平不断提升，并随着经济发展水平的提高，逐步提高相应基本公共服务水平的标准。

具体而言，中国在新发展阶段要采取一系列政策提升公共服务均等化，包括加大普惠性人力资本投入，有效减轻困难家庭教育负担，提高低收入群众子女受教育水平；完善养老和医疗保障体系，逐步缩小职工与居民、城市与农村的筹资和保障待遇差距，逐步提高城乡居民基本养老金水平；完善兜底救助体系，加快减少社会救助的城乡标准差异，逐步提高城乡最低生活保障水平，兜住基本生活底线；完善住房供应和保障体系；等等。

2009年8月19日，山东寿光的几位农民领到新农保养老金存折。

四是合理控制收入差距和财富差距，改善收入和财富分配格局。

这包括以下几个重要方向：有效提高劳动报酬在初次分配中的比重，建设统一的劳动力市场、扩大就业、深化工资制度改革、促进中低收入职工工资合理增长；逐步缩小因不规范的分配秩序造成的过大的收入差距，合理调节过高收入，不断消除因体制机制不完善造成的不合理的收入差距，加强规范收入分配秩序，清理规范不合理收入，坚决取缔非法收入，保护产权和知识产权、保护合法致富，坚决反对资本无序扩张，加强反垄断监管，调动企业家积极性，促进各类资本规范健康发展；充分发挥再分配对收入差距的调节作用，需要完善以税收、社会保障、转移支付为主要手段的再分配调节机制，加大税收调节力度，加大消费环节税收调节力度；稳妥探索调节财富分配差距的有效措施，由于财产的累积效应，财产差距一般大于收入差距。控制房价，开征房产税，坚持"房住不炒"，有效遏制不断扩大的财产差距，尤其是要妥善解决房产成为拉大财产差距主要推手的问题（中国家庭财富中房产占八成）。控制房价及其上升预期，稳步推行房产税，使住房回归居住属性，提高低收入群体的购房能力，减少多套住房者的住房持有套数，将有利于缩小财产差距。除了房产税以外，遗产税和赠与税是发达国家解决财产存量积累的重要手段。

五是拓展脱贫攻坚成果，促进农民农村共同富裕。

缩小城乡收入差距、促进农民农村共同富裕是中国推进共同富裕的一个关键，要把显著缩小城乡差距、全面推进乡村振兴、加快农业现代化进程、促进城乡全面融合、实现城乡共享共建作为推进农村农民共同富裕的基本路径。从大的发展战略上看，要重视新型工业化、城镇化、信息化和农业现代化的同步推进，"四化同步"是乡村振兴、农业发展和农民致富的最为根本的战略。一方面，要共同拓展脱贫攻坚成果，确保不发生规模性返贫和新的致贫，尤其是重视促进农村低收入群体增收。另一方面，促进农村和农业发展，加强农村基础设施和公共服务体系建设，改善农村人居环境，全面推进乡村振兴，加快农业产业化，盘活农村资产，增加农民财产性收入，使更多农村居民勤劳致富。

六是重视人的全面发展，促进人民精神生活共同富裕。

作为社会主义本质和中国式现代化重要特征的共同富裕，体现的是人的全面发展，这不但要实现人民物质生活共同富裕，而且还要实现人的精神生活的共同富裕，并最终促进人民物质生活共同富裕与精神生活共同富裕的有机统一。正确把握精神文明与物质文明的关系，物质生活的共同富裕是精神生活共同富裕的物质基础，而精神生活的共同富裕则是物质生活共同富裕能够推进和实现的思想动力和保障。在促进共同富裕过程中加强精神文明建设，强化社会主义核心价值观引领，要加快建立现代公共文化服务体系，大力推动文化产业创新，增加先进文化产品和服务供给，加快发展新型文化企业、文化业态、文化消费模式，提高质量效益和核心竞争力，不断满足人民群众多样化、多层次、多方面的精神文化需求。

一 "蛋糕"如何做大做好

　　全体人民共同富裕目标的实现，首先是国家要富裕，要有足够大、足够好的"蛋糕"。经过短短几十年，中国从积贫积弱、一穷二白到全面小康、繁荣富强，创造了经济快速发展和社会长期稳定的两大奇迹。到 2021 年中国经济总量为 114 万亿元人民币，稳居世界第二大经济体，人均国内生产总值达到 1.25 万美元，已经超过世界人均 1.21 万美元的水平。对于一个拥有 14 亿人口的大国而言，这是一个十分伟大的成就，中国做大做好"蛋糕"的过程和经验是当今经济学最值得研究的课题。未来中国要实现全体人民共同富裕，首先还是要进一步把"蛋糕"做大做好，这也正是在新发展阶段，中国全面完整准确贯彻新发展理念、加快构建新发展格局的目的所在。

（一）做大"蛋糕"：经济奇迹是如何产生的

在中国伟大的快速增长奇迹背后有着复杂曲折的故事。新中国成立的70多年中，其经济发展的历程可以分为三个大的时期：一是1949年到1977年完成社会主义革命和社会主义建设时期；二是1978年到2012年进行改革开放和社会主义现代化建设时期；三是2013年以来开创中国特色社会主义新时代的时期。

1. 1949年到1977年完成社会主义革命和社会主义建设时期

第一个时期总体上是计划经济体制下经济发展时期。这个时期经济发展战略的核心是优先快速发展重工业，特点是政府作为投资主体、国家指令性计划作为配置资源手段。新中国成立之初，由于饱受战争创伤，中国生产力水平低下。虽然中国已经开始了近一个世纪的工业化进程，但近代工业化没有留给新中国太多经济遗产，当时工业水平落后于苏联1928年的水平，甚至还落后于同期的印度这样的新兴独立国家。中国总体上的国情是人口众多、底子薄弱、经济落后的农业大国，这是新中国经济发展的起点。1952年底，在土地改革基本完成、国民经济恢复任务顺利实现、朝鲜战争有望结束的形势下，中国从 1953 年转入大规模经济建设，在实施第一个五年计划的同时，中共中央提出了要在一个相当长的时期内，逐步实现国家的社会主义工业化，并逐步实现国家对农业、手工业和资本主义工商业的社会主义改造。

"一五"计划开始布局的 156 个重点工业项目初步奠定了新中国经济的基础，后又经历"大跃进"、"三线"建设和"文化大革命"等阶段。这个时期经济政策极不稳定，经过了数次投资扩张和紧缩调整阶段，经济发展过程也多次因政治运动而受阻，加之国家外部严酷的发展环境，总体上社会主义经济建设并不一帆风顺。但是，经过了近 30 年经济发展，中国取得了经济建设重大成就，逐步建立了独立的比较完整的工业体系和国民经济体系，打下了较好的工业基础特别是重工业基础。

2. 1978 年到 2012 年进行改革开放和社会主义现代化建设时期

第二个时期开始于 1978 年中国决定实施改革开放，中国尝试在社会主义条件下通过渐进式改革从计划经济体制转向市场经济体制，逐步从政府计划手段配置资源转向市场在配置资源中发挥基础性作用，通过低成本出口导向工业化战略、建设开放经济，不断推进产业结构优化升级。

前期改革重点放在农村经济体制、积极推进农村家庭联产承包责任制的改革，这极大解放了农村生产力，促进了第一产业效率大幅提升，同时也产生了大量的农村剩余劳动力，为中国快速工业化准备了大量的劳动力——"农民工"，农村改革和农业发展为中国经济快速发展奠定了"第一桶金"的基础。

1984年经济体制改革的重心转向以城市为重点、以增强企业活力为中心环节的改革，乡镇企业、民营企业兴起，国有企业从计划经济体制下的政府附属物逐步转为市场经济主体，外资企业也大量进入，中国开启了快速的工业化进程。最初是轻工业发展迅速，呈现矫正计划经济时代重工业优先发展战略造成结构失衡的特点。后伴随着居民消费重点转向耐用消费品，又呈现重化工主导特征，促进了经济结构快速升级。同时这个阶段中国经济外向性极大提升，2002年中国加入世贸组织，出口导向工业化战略取得巨大成效。从工业化进程的资金需求看，伴随着财政体制、金融体制和投资体制改革的深入，这个时期也开始逐步发展出多元化的金融体系、多元化的投资主体，为产业发展提供了相应的资金保证。

从区域经济发展看，改革开放进程中中国区域经济发展采用的是以东部沿海地区作为全国经济增长极率先发展，然后带动中西部地区发展梯度非均衡发展战略。1980年首先在广东深圳、珠海、汕头和福建厦门设置经济特区，1984年又开放大连、天津、上海、广州等14个沿海城市，并且逐步设立经济技术开发区、国家级经济开发区等工业园区。在国家"七五计划"（1986—1990年）中明确提出按照东部、中部和西部三大经济带序列推进区域经济发展的战略思路。1995年开始强调区域经济协调发展、逐步缩小地区差距，之后逐步实施并持续推进西部大开发、中部崛起和东北老工业基地振兴等重大区域战略。

1981年5月，广东省深圳经济特区设置初期的场景。

这个时期是中国经济快速成长期，经济保持年均9.8%的增长速度，高于世界同期2.8%的增速，国内生产总值从世界第10位上升为第2位。经济结构也从劳动密集主导向资金密集主导，进一步向技术密集主导的高级化过程演进。

中国经济还体现了足够的增长韧性，经历1997年亚洲金融危机和2008年国际金融危机，虽然两次危机都构成了对当年经济增长的冲击，但都是很快恢复了增长，回到了自己的快速经济增长道路上。从开放角度看，在2003年以后，中国出口增长率连续多年保持在30%以上，到2009年中国出口货物总量超越德国位居世界第一，2013年中国进出口货物总量超过美国成为世界第一，占世界货物贸易总量的比重达到了11%，比2003年翻了一番。到2011年以后，中国利用外资额居全球第二位，并连续多年位居发展中国家首位。

3.2013年以来开创中国特色社会主义新时代

党的十八大开启了中国特色社会主义建设的新时代。在这个时期，中国在经济改革发展的理论和政策方面实现了一系列创新，经济建设取得了重大成就。2013年11月党的十八届三中全会强调经济体制改革的核心是处理好政府和市场的关系，使市场在资源配置中起决定性作用和更好地发挥政府作用，实现了理论上的重大突破和实践上的重大创新。坚持公有制为主体、多种所有制经济共同发展和按劳分配为主体、多种分配方式并存等社会主义基本经济制度更加完善，公平竞争的高标准的社会主义市场体系也日益完善。在经济增长上，针对经济从高速增长转向中高速增长、经济结构进一步优化升级、经济增长动力从以要素数量扩张为主转向以科技创新驱动为主等特征，给出了经济新常态的重大论断，提出了创新发展、协调发展、绿色发展、开放发展、共享发展的新发展理念，不再"唯GDP论英雄"①，推进经济高质量发展。

2015年以后，中国将深化供给侧结构性改革作为经济工作主线，积极推进过剩产能的消除、库存消化、降低实体经济运行成本和负债，加大基础设施、社会民生等"短板"方面的投资，积极推进制造强国建设、加快现代化经济体系建设，这极大地促进了中国产业结构向着高级化、绿色化、智能化方向转型升级。尤其是坚持将创新作为引领发展的第一动力，实施创新驱动战略，加快创新型国家建设。通过不断优化创新生态，加大科研创新投入，使得新产业、新业态、新模式蓬勃发展。针对经济运行中的重大风险、精准扶贫和污染防治三个重大难题，开展全面攻坚，最终取得了攻坚战胜利和巨大成就。

进入新时代以后，中国在深化已有经济发展战略基础上，又推进了新的系列重大区域协调发展战略，包括京津

---

① "唯GDP论英雄"是一种选拔人才、提拔领导干部的标准，意味着哪个地区经济增速快，该地区的领导就会被提拔。这种用人评价标准在一定程度上有利于各地区经济快速增长，地区之间经济增长的竞争在很多理论研究中被认为是中国经济能快速增长的重要原因。但单纯以GDP的数量为考核指标，也造成了很多地方政府行为异化，极大影响了经济发展的质量。

冀协调发展、长江经济带发展、粤港澳大湾区建设、长三角一体化发展、黄河流域生态保护和高质量发展、海南全面深化改革，都取得了重大进展。在经济发展战略上，更加强调新型工业化、城镇化、信息化和农业现代化"四化"同步发展，提出推进以人为核心的新型城镇化战略，实施乡村振兴战略，提出"一带一路"倡议，推动形成更大范围、更宽领域、更深层次的全面开放新格局。在全面建成小康社会、实现第一个百年奋斗目标之后，中国乘势而上开启全面建设社会主义现代化国家新征程，向第二个百年奋斗目标进军，进入了一个新发展阶段。在新发展阶段，中国以新发展理念为指导，开始加快构建国内大循环为主体、国内国际双循环相互促进的新发展格局。

新时代中国经济发展取得了伟大成就，中国经济发展的平衡性、协调性、可持续性明显增强，经济总量突破了一百万亿人民币大关，人均国内生产总值超过了一万美元，国家经济实力、科技实力和综合国力都跃上了新台阶，全面建成了小康社会，中国经济迈上了更高质量、更有效率、更加公平、更可持续、更为安全的发展之路。尤其是面对2018年以来中美经贸摩擦和2020年以来新冠肺炎疫情的冲击，中国经济表现出强劲的韧性，仍保持了较快发展。中国很好地统筹疫情防控和经济社会发展，2020年中国国内生产总值比上年增长2.3%，是全球唯一实现经济正增长的主

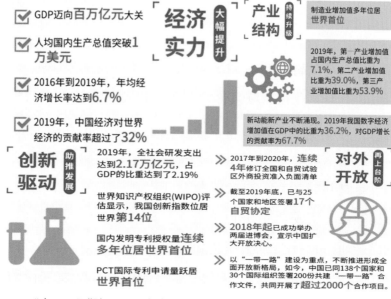

"十三五"期间，面对复杂的外部环境和各种风险挑战，中国经济稳步实现高质量发展，多个领域建设取得历史性成就。

要经济体；2021 年，中国国内生产总值达 114.4 万亿元，比上年增长 8.1%。如果以 2019 年为基期，2020 年和 2021年两年平均增速达到 5.1%。

4. 中国经济奇迹的关键要素与重要经验

经济史和经济思想史的考察充分表明，对于后发国家而言，一个积极有效、坚强组织的国家领导力量是实现经济赶超的关键，这同样也是中国经济快速发展、实现赶超奇迹的关键要素。从理论上说，国家领导力量的作用，在于型构一些后发国家所不具备但却是经济赶超必备的"替代性条件", 这不仅体现在一般意义的关税保护和幼稚产业扶持等产业政策方面, 也体现在政治体制、教育制度、基础设施、法律制度、资源配置机制等整个经济社会制度的各个方面。

中国共产党作为中国的最高政治领导力量, 坚强领导和推进了中国现代化建设和经济发展。虽然中国经济发展过程并不一帆风顺, 但中国共产党不忘初心、牢记使命, 领导中国人民成功走出了一条中国式现代化道路。在对社会主义现代化探索过程中, 面对复杂多变的环境, 在中国共产党的坚强领导下, 中国科学制定和调整短、中期经济现代化目标(例如, 已经连续制定和实施十四个国民经济和社会发展的五年规划), 坚持建设社会主义现代化强国长期目标不动摇, 充分发掘潜力和捕捉机遇, 实现了经济快速发展的奇迹。从这一意义而言, 中国共产党的领导不仅是中国特色社会主义最本质的特征和中国特色社会主义制度的最大优势, 也是中国式现代化道路形成和中国经济奇迹最为关键的要素。

在中国共产党领导下, 中国成功推进经济现代化进程、取得经济快速发展奇迹的关键还在于, 既遵循了一个大国经济发展和现代化进程的基本共性规律, 又尊重了自己的独特国情背景, 寻求适合自己国情的经济发展道路, 最终探索走出了中国特色的经济发展道路。作为一个后发国家,中国既没有陷入20世纪七八十年代的"拉美陷阱",也没有误入20世纪90年代初东欧转型国家的休克歧途,在新自由主义和华盛顿共识甚嚣尘上之际,中国以"北京共识"另辟蹊径,走出了一条具有中国特色的社会主义市场经济发展道路。这条中国特色的经济发展道路是基于中国处于社会主义初级阶段的最大国情,充分考虑必须坚持中国共产党领导的社会主义制度的政治原则,充分考虑中国人口众多、人均收入很低、后发赶超的农业国的起始经济背景,充分考虑大量的农业人口、典型"二元结构"的社会环境,充分考虑计划体制下重工业优先的发展战略奠定了一定的工业基础,遵循了经济发展的产业演进发展的规律,顺应了经济全球化的世界经济发展趋势,构建了符合市场化规律的经济激励机制,适应了工业化和城市化互动协同的发展逻辑。

中国经济快速发展的奇迹,除了上述一般意义的关键要素外,从具体经验看,有几点特别值得强调。

一是保持稳定的经济发展环境,"稳中求进"推进经济发展。社会政治环境的稳定是经济现代化进程持续推进的基本前提要求。改革开放以来,虽然也遇到了这样那样的问题与挑战,但始终坚持"以经济建设为中心"指导思想,采用了"渐进式"改革,以"稳中求进"为经济改革发展工作的总基调,努力构建和谐稳定的发展环境，在保证经济运行的稳定性基础上，不断深化改革和结构调整，促进中国产业持续成长和现代化进程的不断深化。

二是有效利用资源基础要素，"因地制宜"优化经济要素配置。中国是人口第一大国，这是中国基本要素特征。改革开放以后推进的农村联产承包制度、乡镇企业快速发展不仅解决了农民基本生活问题，更为重要的是把大量农业人口从土地上解放出来，为经济发展和工业化提供了"无限供给"的低成本劳动力，二元经济①条件下"人口红利"对中国经济增长做出了巨大的贡献；中国是一个大国，幅员辽阔、人口众多，各地的资源禀赋、经济条件、文化习惯等差异性较大，中国经济发展过程非常重视地方政府的创新精神，鼓励地方政府"因地制宜"配置经济要素，探索科学的区域经济发展模式。改革开放以来，中国曾产生了一些具有鲜明地区特点和时代特征的经济发展模式，例如"珠江三角洲模式""苏南模式""温州模式"等，这些模式在启动条件、发动主体、资本形成方面都是不同的，但都促进了当地的经济现代化进程，进而对全国的经济发展起到了巨大的支撑作用。

---

① 二元经济指发展中国家的经济是由两个不同的经济部门组成，一是传统部门，二是现代部门。

1985年5月12日，《解放日报》刊登温州模式的报道。

三是正确处理市场和政府关系，创建社会主义市场经济体制。中国积极推进市场化改革的制度创新，经过多年探索，形成了中国特色社会主义市场经济体制，将社会主义与市场经济有机结合起来，强调发挥市场在资源配置中的决定性作用，同时也强调更好地发挥政府作用，这是一项伟大的创举。坚持毫不动摇巩固和发展公有制经济、坚持毫不动摇鼓励支持和引导非公有制经济的发展，通过坚持"两个毫不动摇"培育了大量的市场主体，既包括通过深化国有企业改革将国有企业推向市场，也包括在市场中成长起来的大量个体民营企业以及通过开放引入的外资企业，充分调动企业家的创新精神，为中国经济发展提供了多元的全面协调的动力机制。

四是顺应经济全球化趋势，积极融入全球分工体系。中国从设立经济特区，到开放沿海 14 个城市，再到加入世界贸易组织（WTO），中国在对外开放自己市场的同时，也逐渐吸引大量外资，引进了大量先进技术和管理知识，提升了自己的创新能力。当今世界，由于产品模块化程度的提升和生产过程可分性的增强，以及信息技术、交通技术等"空间压缩"技术带来的交易效率提高和交易成本的下降，基于价值链不同工序、环节的产品内分工获得极大的发展，全球价值链分工成为一种主导的国际分工形式。因此，一个国家的经济发展，必须对外开放，融入全球价值链中。虽然当前经济全球化遭遇强势逆流，但经济全球化仍是大势所趋。

（二）中国未来经济增长潜力

中国经济快速增长的奇迹已经为实现共同富裕奠定了很好的物质基础，但是，对于一个 14 亿人口的大国而言，从实现全体人民共同富裕的目标来看，未来还需要进一步把"蛋糕"做大，中国还要坚持以经济建设为中心，挖掘经济增长潜力，实现经济中高速发展。那么中国未来经济增长潜力如何呢？

经济学研究经常用潜在增长率来估算未来的经济增长。潜在增长率是指一定时期由一国资源要素供给能力、生产效率和发展模式决定的该国经济增长速度，或者通俗地理解为在一个国家劳动力、资本、技术等各种资源正常地充分利用时所能实现的经济增长率。经济学研究者给出了许多方法来测算潜在增长率。[1] 这里使用笔者的一项研究，来测算 2020 年到 2050 年中国的潜在增长率[2]，结果如表 1 所示。

表 1　　　　　　　　2020—2050 年中国经济增长潜力预测

年份	2020	2021	2022	2023	2024	2025	2026	2027	2028	2029	2030
潜在增速（％）	5.93	5.75	5.55	5.37	5.26	5.19	5.09	5.04	4.93	4.82	4.73
年份	2031	2032	2033	2034	2035	2036	2037	2038	2039	2040	
潜在增速（％）	4.66	4.53	4.46	4.41	4.33	4.24	4.06	3.89	3.84	3.76	
年份	2041	2042	2043	2044	2045	2046	2047	2048	2049	2050	
潜在增速（％）	3.70	3.66	3.56	3.54	3.46	3.44	3.39	3.34	3.29	3.28	

资料来源：中国社会科学院经济研究所《中国经济报告（2020）》总报告组《全球经济大变局、中国潜在增长率与后疫情时期高质量发展》，《经济研究》2020 年第 8 期。

---

[1]　虽然关于潜在增长率的意义、测算方法及其预测准确性在经济学界还有很多争议，但在一定条件下，潜在增长率在一定程度上能够反映一个国家的长期增长趋势和增长潜力。

[2]　这个测算是基于一个更加精准的人口预测模型和资本存量估算，使用增长核算法分解了历史的增长，进而预测了 2020—2050 年中国的潜在 GDP 增速，这个预测只测算长期增长潜力，而不考虑如新冠肺炎疫情等短期冲击的影响。具体参见中国社会科学院经济研究所《中国经济报告（2020）》总报告组《全球经济大变局、中国潜在增长率与后疫情时期高质量发展》，《经济研究》2020 年第 8 期。

从表 1 中可以看出，随着中国 2020 年基本实现工业化，总体上从长期看中国经济的潜在增长速度呈逐步下降趋势，"十四五"期间将下降约 0.5 个百分点，到 2035 年中国的潜在增长率约为 4.3%，到 2050 年约为 3.3%。这与一般国家现代化进程（尤其是到工业化后期和后工业化时期）经济增长呈现规律性下降是吻合的。但也可以看到，增速放缓速度将明显变小。过去十年间（2010—2019 年），经济增速从 10.6% 降至 6.1%，下降了 4.5 个百分点。而与过去十年经济增速的快速下滑不同，2020 年以后，潜在经济增速的下行趋势将明显放缓，到下个十年末，即 2029 年（"十五五"规划期末），潜在经济增速将进一步降至 4.8%，相比 2019 年只降低了约 1.3 个百分点。这即使按照相对下降幅度而言，也远低于过去的十年。同样，到 2035 年和 2050年，潜在经济增速下降相对比较缓慢，下降幅度也比较小。这意味着中国增长潜力仍是巨大的，如果各方面政策基本得当，中国还将能够保持相当长时期的中速增长，这对中国实现百年目标具有重要意义。按照上述预测，中国未来经济发展会实现若干具有标志性节点意义的成就。

一是中国预计将于 2023 年跨越"中等收入陷阱"成为高收入国家。

根据上述潜在增长率预测，只要中国能够实现这个潜在增长率，到 2023 年，中国人均 GDP 将达到 13062 美元，从而超过世界银行 12535 美元的高收入标准，跨越"中等收入陷阱"正式步入高收入国家行列。实际上，虽然 2020 年和 2021 年受到新冠肺炎疫情冲击，但中国两年平均增长率还是达到 5.1%，与上述预测的两年潜在增长率仅相差约 0.8 个百分点。2021 年中国人均 GDP 已经达到 1.25 万美元，十分接近高收入标准。即使考虑到标准有一定的提升，中国也将在 2023 年、最晚在"十四五"期末的 2025 年成为高收入国家。

"中等收入陷阱"是由世界银行在其题为"东亚复兴"（*An East Asian Renaissance*）的研究报告中正式提出的概念，其是指一些发展中国家或地区在经济发展过程中面临重重阻力，在从中等收入组群向高收入阵营迈进时有可能失去发展动力，陷入长期经济停滞而不能成为高收入国家或地区的现象。在第二次世界大战结束后的 50 多年里，全球 101 个中等收入经济体中仅有 13 个成功发展为高收入经济体（其中有 5 个是亚洲经济体，包括日本、韩国、新加坡、中国台湾、中国香港）。因此，要从中等收入经济体成功跻身高收入经济体是一个极为艰难的任务，只有少数经济体能够实现这一目标，而绝大多数经济体仍停留在中等收入水平，无法实现向高收入水平的跨越。部分经济体有时超越了高收入水平，但却不能长期保持，最终又滑落至高收入水平之下，因此也被视为落入了"中等收入陷阱"。对于中国这样一个具有 14 亿人口的发展中大国，如果能够跨越"中等收入陷阱"，成为高收入国家，无疑更是一个伟大的经济发展奇迹。

二是到 2035 年预计中国经济总量和人均国内生产总值可较 2020 年翻一番，基本达到中等发达国家水平。

到 2035 年，中国人均国内生产总值有望达到 15.41 万元人民币，相比 2020 年的人均 GDP 水平增长 106%，若考虑新冠肺炎疫情对 2020 年经济增长的抑制作用，则增幅可能更大，按照近些年人民币汇率不断升值的趋势，2035 年中国人均 GDP 就可以达到中等发达国家水平。中国经济的总量将达到 30 万亿美元左右，成为最大的经济总量国，也就是说，到 2035 年中国会成为世界最大经济体。这个预测，也正是《中华人民共和国国民经济和社会发展第十四个五年规划和 2035 年远景目标纲要》的远景目标要求——到 2035 年实现经济总量或人均收入翻一番、人均国内生产总值达到中等发达国家水平。当然，如果经济再出现像新冠肺炎疫情、世界经济危机等对经济发展有巨大冲击的"黑天鹅事件"，也不完全排除有可能无法如期实现到 2035 年经济总量或人均收入翻一番、人均国内生产总值达到中等发达国家水平的远景目标。因此，翻番的目标既有较大可能，同时又有不确定性。最为关键的是，需要为实现长期稳定的经济发展创造良好环境。

三是到 2050 年预计中国人均国内生产总值水平将是 2020 年的 3.75 倍，经济总量将达到 55 万亿美元左右。

基于上述潜在增长率的预测，自 2035 年基本实现社会主义现代化后，中国经济总量将长期保持世界第一的位置，按 2019 年价格计算，到 2050 年，中国 GDP 总量将达到 55 万亿美元，人均 GDP 将近 4.2 万美元，是 2020 年人均 GDP 水平的 3.75 倍。彼时，中国将建成富强民主文明和谐美丽的社会主义现代化强国。中国社会生产力得到极大解放和发展，物质文明、政治文明、精神文明、社会文明、生态文明全面提升，现代化经济体系全面建成，经济现代化全面实现。在这种生产力发展水平下，全体人民共同富裕会基本实现。

上述中国潜在增长率的预测，指出了中国经济发展的巨大潜力，这种潜力的实现无疑也是中国实现全体人民共同富裕的基础。但是，进入新发展阶段，中国面临的国际环境的深刻变化带来一系列新的挑战，不稳定性不确定性明显增强，中国国内发展不平衡不充分问题仍然突出，重点领域和关键环节的改革任务仍然艰巨。从"潜力"到"现实"，中国经济"蛋糕"做大还需要解决大量的问题，还有一系列风险挑战需要应对。但是，认识到中国经济增长的巨大潜力，也就看到了希望，也坚定了中国追求全体人民共同富裕的信心。

（三）做好"蛋糕"：实现经济高质量增长

中国的现代化进程进入了新发展阶段，实现共同富裕需要在经济高质量发展中推进，这意味着不仅仅要通过经济增长把经济"蛋糕"做大，还要通过高质量发展把经济"蛋糕"做好。也就是说，新发展阶段中国经济增长不是单纯地追求经济增长的数量，而是要有质量的增长，中国需要的是更有效率、更加公平、更加包容、更可持续、更为安全的增长。这样的经济增长本身就是共同富裕的过程。

如何理解经济增长质量呢？对于后发国家而言，要实现达到世界先进、前沿的经济发达水平，实现经济现代化，最为关键的问题是如何保持长期持续的经济增长，对长期经济增长问题的关注，成为发展经济学的主题，也是实现经济现代化的基本要求。经济增长本身除了包括经济活动的量的不断扩大，还包括经济活动的质的提升。经济增长的量的扩大可以用国内生产总值来度量，而经济增长的质的提升需要基于价值观、理念来具体界定。大量的主流经济学经济增长理论更多关注的是经济增长量，经济增速及其影响因素是其核心主题，但对基于什么样的价值观或者理念来实现经济增长，较少关注。

如何理解中国的经济高质量增长呢？改革开放以来，

中国经济经历了连续多年的高速增长，创造了中国经济增长奇迹。进入新时代以后，中国经济发展的主要矛盾转变为发展不平衡不充分问题。在这样的新发展阶段，习近平总书记提出不再简单以国内生产总值增长率论英雄，并提出创新发展、协调发展、绿色发展、开放发展、共享发展的新发展理念，推进中国以新发展理念为指导的经济增长，立足提高质量和效益来推动经济持续健康增长，实现经济高质量发展。也就是所谓经济高质量发展，就是能够很好地满足人民日益增长的美好生活需要的经济增长，是体现新发展理念的经济增长。新发展阶段，中国经济增长质量高低要用是否符合新发展理念来界定和衡量。

具体而言，经济高质量增长表现为经济增长的第一动力是创新，表现为经济增长具有区域、产业、社会等各方面的内在协调性，表现为绿色增长、人与自然和谐是经济增长的普遍形态，表现为全面开放、内外联动是经济增长的必由路径，表现为经济增长成果由全体人民共享。"十四五"规划中关于"十四五"时期社会经济发展的主要指标充分体现了经济高质量发展的要求，可以认为是衡量经济高质量发展的具体指标体系，除了GDP增长外，还包括全员劳动生产率增长、常住人口城镇化率、全社会研发经费投入增长、每万人口高价值发明专利拥有量、数字经济核心产业增加值占GDP比重、居民人均可支配收入增长、城镇调查失业率、劳动年龄人口平均受教育年限、每千人口拥有执业（助理）医师数、基本养老保险参保率、每千人口拥有 3 岁以下婴幼儿托位数、人均预期寿命、单位 GDP 能源消耗降低、单位 GDP 二氧化碳排放降低、地级及以上城市空气质量优良天数比率、地表水达到或好于Ⅲ类水体比例、森林覆盖率、粮食综合生产能力、能源综合生产能力 19 个指标（具体参见专栏 1）。[①]

专栏 1 　　　　"十四五"时期经济社会发展主要指标

类别	指标	2020 年	2025 年	年均/累计	属性
经济发展	1. 国内生产总值（GDP）增长（%）	2.3	—	保持在合理区间、各年度视情提出	预期性
	2. 全员劳动生产率增长（%）	2.5	—	高于 GDP 增长	预期性
	3. 常住人口城镇化率（%）	60.6*	65	—	预期性
创新驱动	4. 全社会研发经费投入增长（%）	—	—	>7、力争投入强度高于"十三五"时期实际	预期性
	5. 每万人口高价值发明专利拥有量（件）	6.3	12	—	预期性
	6. 数字经济核心产业增加值占 GDP 比重（%）	7.8	10	—	预期性

①《中华人民共和国国民经济和社会发展第十四个五年规划和 2035 年远景目标纲要》，人民出版社 2021 年版，第 11—12 页。

续表

类别	指标	2020 年	2025 年	年均/累计	属性
民生福祉	7. 居民人均可支配收入增长（%）	2.1	—	与 GDP 增长基本同步	预期性
	8. 城镇调查失业率（%）	5.2	—	＜5.5	预期性
	9. 劳动年龄人口平均受教育年限（年）	10.8	11.3	—	约束性
	10. 每千人口拥有执业（助理）医师数（人）	2.9	3.2	—	预期性
	11. 基本养老保险参保率（%）	91	95	—	预期性
	12. 每千人口拥有 3 岁以下婴幼儿托位数（个）	1.8	4.5	—	预期性
	13. 人均预期寿命（岁）	77.3 *	—	〔1〕	预期性
绿色生态	14. 单位 GDP 能源消耗降低（%）	—	—	〔13.5〕	约束性
	15. 单位 GDP 二氧化碳排放降低（%）	—	—	〔18〕	约束性
	16. 地级及以上城市空气质量优良天数比率（%）	87	87.5	—	约束性
	17. 地表水达到或好于Ⅲ类水体比例（%）	83.4	85	—	约束性
	18. 森林覆盖率（%）	23.2 *	24.1	—	约束性
安全保障	19. 粮食综合生产能力（亿吨）	—	＞6.5	—	约束性
	20. 能源综合生产能力（亿吨标准煤）	—	＞46	—	约束性

注：①〔 〕内为 5 年累计数。②带 * 的为 2019 年数据。③能源综合生产能力指煤炭、石油、天然气、非化石能源生产能力之和。④2020 年地级及以上城市空气质量优良天数比率和地表水达到或好于Ⅲ类水体比例指标值受新冠肺炎疫情等因素影响，明显高于正常年份。⑤2020 年全员劳动生产率增长 2.5% 为预计数。

资料来源：《中华人民共和国国民经济和社会发展第十四个五年规划和 2035 年远景目标纲要》，人民出版社 2021 年版，第 11—12 页。

　　为了实现经济高质量增长，未来中国经济发展着重从以下几个方面发力。

　　一是推进新型工业化、信息化、城镇化和农业现代化同步发展，加快建设现代化经济体系。

　　2020年中国已经基本实现了工业化，但还没有全面实现工业化，工业化进程中还存在发展不平衡不充分问题，工业现代化水平还有待提升，在新发展阶段深化工业化进程意义还十分重大，还面临着推进新型工业化、信息化、城镇化和农业现代化同步实现的高质量工业化任务，而这又进一步需要加快建设创新引领、协同发展的产业体系，统一开放、竞争有序的市场体系，体现效率、促进公平的收入分配体系，彰显优势、协调联动的城乡区域发展体系，资源节约、环境友好的绿色发展体系，多元平衡、安全高效的全面开放体系。

　　为此，一方面，坚持创新在中国现代化建设全局中的核心地位，把科技自立自强作为国家发展的战略支撑，面向世界科技前沿、面向经济主战场、面向国家重大需求、面向人民生命健康，深入实施科教兴国战略、人才强国战略、创新驱动发展战略，完善国家创新体系，加快建设科技强国。另一方面，坚持把发展经济着力点放在实体经济上，坚定不移建设制造强国、质量强国、网络强国、数字中国，推进产业基础高级化、产业链现代化，提高经济质量效益和核心竞争力。

二是坚持扩大内需战略，构建新发展格局。

所谓新发展格局，就是以国内大循环为主体、国内国际双循环相互促进的发展格局。新发展格局的关键是经济循环的畅通无阻，而其最为本质的特征是实现高水平的自立自强。新发展格局是一项关系中国发展全局的重大战略任务，是新发展阶段要着力推动完成的重大历史任务，也是贯彻新发展理念的重大举措。一方面坚持扩大内需这个战略基点，加快培育完整内需体系，使建设超大规模的国内市场成为一个可持续的历史过程；另一方面把实施扩大内需战略同深化供给侧结构性改革有机结合起来，以创新驱动、高质量供给引领和创造新需求，从而畅通国内大循环，促进国内国际双循环。

围绕着扩大内需，一方面，增强消费对经济发展的基础性作用，顺应消费升级趋势，提升传统消费，培育新型消费，适当增加公共消费；另一方面，优化投资结构，保持投资合理增长，发挥投资对优化供给结构的关键作用。加快补齐基础设施等领域短板，推动企业设备更新和技术改造，扩大战略性新兴产业投资，推进新型基础设施、新型城镇化等重大工程建设。围绕着畅通经济循环，一方面，依托强大国内市场，贯通生产、分配、流通、消费各环节，打破行业垄断和地方保护，推动金融、房地产同实体经济均衡发展，形成国民经济良性循环。立足国内大循环，发挥比较优势，协同推进强大国内市场和贸易强国建设，以国内大循环吸引全球资源要素，充分利用国内国际两个市场两种资源。

2021年6月25日，复兴号智能动车组首趟由北京南开往上海虹桥的G5次列车在京沪高铁上线运营。在改变人们出行方式的同时，高铁影响经济、拉动内需的作用也日益显现，以京沪高铁为例，总投资2209.4亿元的京沪高铁创造了众多的就业机会，超过11.4万人因高铁找到工作。

三是全面深化改革和对外开放迈出更大步伐，建设更加完善的社会主义市场经济体制和更高水平的开放型经济新体制。

坚持和完善社会主义基本经济制度，充分发挥市场在资源配置中的决定性作用，更好发挥政府作用，推动有效市场和有为政府更好结合。立足新发展阶段，破除深层次体制机制障碍，改革的系统性、协同性和整体性进一步提升，市场化改革的广度和深度进一步加强，在建设现代产权制度和要素市场化配置方面取得重大进展，各类市场主体活力得到有效激发，毫不动摇巩固和发展公有制经济，毫不动摇鼓励、支持、引导非公有制经济发展。形成初次分配、再分配、三次分配协调配套的基础性制度安排，基本形成既有利于资本促进创新和生产力发展又能防止资本野蛮成长的法治环境，公平竞争制度更加健全，建成高标准市场体系，宏观经济治理体系和现代财政金融体制更加完善，形成更加完善的现代社会主义市场经济体制和更高水平的开放性经济新体制。

四是全面推进绿色生产和消费转型，实现绿色经济稳定高效增长。

加强绿色经济市场激励机制，支持建立以"管制—标准—激励"为核心的政策框架支持。构建更好的绿色低碳金融和投资环境，积极推进 ESG 投资。推进节能技术创新和推广应用，要加大加快绿色能源的结构性替代，重点在光伏发电、风力发电、生物质能、内陆核电、燃料电池、储能、智能电网，以及新能源相关材料领域的先进技术突破和广泛应用，加快构建以新能源为主体的现代绿色低碳能源体系。要在城市和乡村规划设计中，推行碳中和理念。

实行化石能源消费和碳排放额度控制，构建用能权和碳交易机制。建立完善绿色生产与消费法律，根据地区发展实际需要，完善和落实相关法律法规和实施细则。规范绿色生产的管理部门和管理主体，制定绿色消费国家行动计划，全面、深入、具体推动形成绿色消费和生活方式。构建经济"双循环"新发展格局中嵌入绿色供应链的理念，形成绿色的"双循环"。着手建设促进绿色生产消费的基础设施和能力，加强对政府、社会组织、企业和公众关于绿色消费的能力建设和培训。鼓励绿色低碳的工作和生活方式常态化，鼓励广大人民共同营造绿色和谐的良好社会风尚。

2021年12月14日，四川省宜宾市三江口长江生态公园，成渝地区双城经济圈碳达峰碳中和联合行动启动仪式现场。此次启动联合行动，川渝两地将以"建机制、搭平台、推项目"为抓手，携手减排、协同治污、共同增绿，促进成渝地区双城经济圈绿色发展。

五是促进城乡、区域、产业的融合发展，实现新型工业化、以人为核心的新型城镇化和乡村振兴的战略协同。

无论是从区域协调发展和城乡协调发展的战略要求看，还是从新型工业化、城镇化、信息化和农业现代化"四化同步"战略要求看；无论是从以新发展理念为指导的高质量发展要求看，还是从以人为核心的新型城镇化战略以及乡村振兴战略的要求看；以及扎实推进共同富裕的要求看，都需要城乡、区域和产业之间融合发展，而信息化、数字化、绿色化技术又为城乡、区域和产业之间的融合发展提供了强大的技术支持。要以推进新型工业化和新型城镇化的新型基础设施建设为抓手，依靠信息化、数字化和绿色化技术手段，破除产业之间、区域之间和城乡之间融合发展的制度藩篱（如统筹城乡社会保障），促进城乡之间、区域之间、产业之间的融合发展。这必然要求加大新型工业化、以人为核心的新型城镇化和乡村振兴的战略协同力度。新型工业化、新型城镇化和乡村振兴三大战略，是中国实现现代化、建设现代化强国的关键战略支撑，在当今数字化、绿色化和融合化的现代化趋势下，需要有效推进这三大战略协同，加快中国现代化进程。

二 "蛋糕"如何切好分好

改革开放以来，中国的经济转型与经济发展取得了举世瞩目的成就，经济总量跃居世界第二，人均收入水平也有了大幅提高。与此同时，中国居民的收入分配格局也发生了深刻的变化，收入差距呈现先拉大再波动下降的态势。根据世界银行的估计，中国居民收入的基尼系数在1981年仅为0.29，基尼系数在1984年进一步下降到0.2769。但这一高度均等化的分配格局体现的是低效率的平均主义。在低效率的平均主义得到纠正后，激励机制得以重塑，经济运行的效率大幅提高，但收入差距也逐渐扩大。根据国家统计局的估计结果，居民收入的基尼系数在2008年达到最高点0.491后，2009年至今呈现波动下降态势，2020年降至0.468。

收入差距的拉大有多重原因。一方面，收入差距的扩大是对计划经济体制下低效率的平均主义的纠正；另一方面，收入差距的扩大也有体制机制上的深层次原因。此外，经济增长的过程并不是均衡的，部分地区、部分行业、一部分人可能先于其他群体或更为紧密地参与经济增长，从而享受到更多的经济增长果实。从收入的结构而言，工资性收入、经营性收入、财产性收入等收入的组成部分随着经济增长以及经济改革的进程也会出现不均衡的变动，收入的不同组成部分可能会因为特定因素而出现交替增长的局面。

（一）摈弃低效率的平均主义

新中国成立到实行改革开放的近三十年间，中国对社会主义建设进行了艰辛探索。从建立社会主义制度，到社会主义制度下的经济发展方式，再到人民公社中的共产主义萌芽，可以说中国经历了马克思提出的建立社会主义到进入共产主义发展阶段的尝试。

生产资料私有制的社会主义改造完成以后，农业、手工业的个体所有制转变为社会主义集体所有制，资本主义所有制转变为社会主义全民所有制，形成了公有制和计划经济体制，保证了社会主义工业化战略的实施，也为按劳分配创造了有利条件。新中国成立后，分配制度逐步向按劳分配发展。实行职务等级工资制度、推广计件工资制、改革企业奖励工资制度等措施都是按劳分配原则的具体体现。

然而,在"左"倾错误思潮的影响下,社会主义分配制度的探索虽然坚持了按劳分配,但过分强调按劳分配的过渡性、暂时性,强调按劳分配可能导致的贫富悬殊,并将其上升到"资本主义复辟"的高度来认识。这种分配观使得按劳分配原则在收入分配的实践中逐渐淡化,在"文化大革命"中达到高潮,以至于按劳分配在现实中演变成了"按政治态度"分配,演变成了平均主义大锅饭。

平均主义是改革开放之前实际的分配方式。在农村,人民公社实行工资制和供给制相结合的分配制度,城镇地区则实行工资等级制。在工资制方面,职工工资调资升级长期停滞,并降低领导干部工资标准,取消体现按劳分配原则的计件工资制等。供给制在一定程度上可以看作"按需分配"的尝试,但当时的经济社会发展状况距离按需分配的两个基本前提——物质极大丰富和人的全面发展还相去甚远。因此,当时的供给制只能造成"公地悲剧"和极大的浪费,劳动者缺乏生产积极性,温饱问题无法完全解决,贫困发生率高企。

平均主义也是按需分配和中国传统的均贫富思想相结合的结果。但在物质基础较为薄弱的时期,"蛋糕"还未做大,平均主义无疑是低水平的。平均主义也难以激发人民群众的积极性，因此又是低水平和低效率的。离开效率来谈公平，不求做大"蛋糕"来讲分配的平均主义，只能做到共同贫穷，难以实现共同富裕。

邓小平早在 20 世纪 70 年代中期就提出要坚持按劳分配原则，并特别重视按劳分配中的物质激励原则，"所谓物质鼓励，过去并不多。人的贡献不同，在待遇上是否应当有差别？同样是工人，但有的技术水平比别人高，要不要提高他的级别、待遇？……如果不管贡献大小、技术高低、能力强弱、劳动轻重，工资都是四五十块钱，表面上来看似乎大家是平等的，但实际上是不符合按劳分配原则的，这怎么能调动人们的积极性？"[①] 这一观点强调了分配制度中能力、贡献与分配的关联，强调了按劳分配的物质激励原则。

改革开放后确立以经济建设为中心的路线，实际上也是从对按劳分配的讨论开始的。在粉碎"四人帮"后，学术界从 1977 年到 1978 年召开了四次按劳分配问题理论讨论会，肃清了"文化大革命"期间对按劳分配的一些不正确的观点，为重新确立正确的按劳分配原则提供了基础。这些讨论虽然还带有"文化大革命"期间的一些痕迹，例如仍然强调"无产阶级政治挂帅，做好政治思想工作"，

[①] 《邓小平思想年编：一九七五——一九九七》，中央文献出版社 2011 年版，第 31 页。

但也重新确认了按劳分配在激励工人努力工作方面所起到的物质鼓励的作用，"按劳分配能够促进社会生产力的发展，促进创造出新的劳动生产率"，不论对工人还是管理人员，都要"有奖有罚，奖罚分明"。1978年国务院政治研究室起草了《贯彻执行按劳分配的社会主义原则》，邓小平认为"写得好，说明了按劳分配的性质是社会主义的，不是资本主义的"。并特别强调了所谓"按劳分配就是按劳动的数量和质量进行分配。根据这个原则，评定职工工资级别时，主要看他的劳动好坏、技术高低、贡献大小"，对于政治态度，"也要看"，但"处理分配问题如果主要不是看劳动，而是看政治，那就不是按劳分配，而是按政分配了"，"总之，只能是按劳，不能是按政，也不能是按资格"。①

这一阶段对于分配问题的一个创新是允许一部分人、一部分地区先富起来的"先富论"。坚持按劳分配的物质激励原则，坚持按照劳动的质和量分配，就必然会产生收入差距，必然会出现一部分人先富起来的现象。如何对待这个问题，邓小平在《解放思想，实事求是，团结一致向前看》的讲话中提出："在经济政策上，我认为要允许一部分地区、一部分企业、一部分工人农民，由于辛勤努力成绩

---

① 《邓小平思想年编：一九七五——一九九七》，中央文献出版社2011年版，第116页。

大而收入先多一些，生活先好起来"，并且认为先富起来的
这些地区和人通过示范效应和带动效应，带动其他地区、
其他单位和个人共同富裕起来，"这样，就会使整个国民经
济不断地波浪式地向前发展，使全国各族人民都能比较快
地富裕起来"。

1984年，国庆35周年群众游行队伍中的"联产承包好"彩车。

改革开放伊始，平均主义的大锅饭被逐渐打破，按劳
分配的原则被重新确立，从而调动起了广大人民群众的
生产积极性。在20世纪70年代末期至80年代初期，农
村首先打破原先的集体经济实现形式，实行了家庭联产
承包责任制，将生产成果与劳动贡献直接挂钩，从而极
大提高了农村生产力，农民收入水平有了明显提高。在

农村改革的基础上，1984年党的十二届三中全会《关于经济体制改革的决定》决定在城市展开经济体制改革。在分配方面，在贯彻按劳分配原则的基础上，第一，使企业职工的工资和奖金同企业经济效益的提高更好挂起钩来。这一点已经突破了统一的等级工资制的限制，将个人劳动与企业效益挂钩。第二，在企业内部，要扩大工资差距，拉开档次，以充分体现奖勤罚懒、奖优罚劣，充分体现多劳多得、少劳少得，充分体现脑力劳动和体力劳动、复杂劳动与简单劳动、熟练劳动和非熟练劳动、繁重劳动和非繁重劳动之间的差别。第三，允许和鼓励一部分地区、一部分企业和一部分人依靠勤奋劳动先富起来。这些改革措施的提出，在分配制度上，仍然坚持了按劳分配，但在具体的分配形式上，突破了等级工资制。在等级工资制下，工人的工资与预先设定的等级挂钩，而不是与劳动成果挂钩，对工人的激励方向是"提等级"。逐步扩大地区之间、企业之间以及企业内部不同的个人之间的收入差距，将个人收入与劳动成果挂钩，从而充分发挥按劳分配的激励作用，是这一阶段分配制度改革的特征。

总体而言，改革开放以前的中国是一个平均主义盛行的社会。当时，中国收入分配中的主要倾向是强调公平而忽视效率，导致经济生活中缺乏必要的激励机制，造成生产上的低效率。所以，改革一开始中国的决策者提出了"让一部分人先富裕起来"，这一政策的目标是克服收入分配上的平均主义，加强激励机制，提高效率，在做大"蛋糕"的基础上最终实现共同富裕。

（二）将"好"的不平等控制在合理范围

"好"的不平等能够发挥收入差距的激励作用，同时也要控制"好"的不平等，使得公平的收入差距保持在合理的范围。随着对低效率的平均主义的纠正，在市场经济体制下，生产要素的回报逐渐合理化，由此引起的收入差距的扩大无疑能够促进效率的提高，具有合理的成分，应视为"好"的不平等。但"好"的不平等也需要予以控制，使得收入差距不致过大。

改革开放初期为了激励生产积极性进行的一系列制度变革，包括在农村实行家庭联产承包责任制、在城市进行企业改革、放权让利、提高企业自主权以及在沿海地区开始实行对外开放政策，均在实现激励生产积极性、促进经济增长的同时打破了低效率的平均主义，扩大了收入差距。对于收入差距的扩大，邓小平提出"先富论"，认为一部分人、一部分地区先富起来有利于激励生产积极性，产生示范效应，带动其他地区和个人走向共同富裕，因此，合理的收入差距是有必要的，对于收入差距扩大、出现两极分化的问题，可以在经济发展到一定阶段后，即 20 世纪末期集中采取措施加以解决。因此，改革开放初期收入差距扩大是对前期平均主义的矫正，也是政府为了激励生产积极性而主观上想要得到的结果。当然，其中还存在由于计划和市场双轨运行导致的投机、腐败等问题带来的不合理的收入差距。

随着社会主义市场经济体制的建立，市场在资源配置中发挥着越来越重要的作用，收入分配结果也逐渐受市场经济的影响，各种生产要素通过市场机制获得合理报酬是市场经济运行的条件，也是市场经济发展的结果。在城镇地区，城镇职工工资分配制度的演变及其带来的工资收入差距扩大是一个不可避免的过程，体现了逐步增强的市场机制对工资分配过程的影响作用，使得个人工资收入的回报具有更直接的激励效应，满足了效率优先的原则。当然，不可否认的是，工资收入差距的扩大也反映了体制改革以及市场分割因素的作用。

在改革初期，与国有经济一统天下的状况相适应的是工资制度的高度集中管理。国有和集体企业的工资标准由政府确定，职工的工资根据学历、工龄、职位和技术等级等综合决定。除了拿工资以外，国有企业职工还享受住房、医疗等补贴。企业盈利状况并不影响职工工资收入，而职工的劳动投入和最终产出对职工工资也没有什么影响，工资的分配在这种"大锅饭"体制下具有很强的均等化特点，不利于职工生产积极性的发挥。

随着所有制的多元化，非国有经济逐渐发展起来。外资开始进入中国，个体、私营企业得以发展以缓解当时城镇就业压力。非国有经济的劳动用工制度和薪酬模式从一开始就具有市场分配机制的特点，企业按工人生产力的高低做出是否雇用的决策和制定相应的工资标准，生产率高的工人被雇用并支付以高工资，而生产率低的工人则得到较低的工资甚至遭到淘汰。

与此同时，国有企业内部也在进行改革。国企改革的直接作用是使得国有企业的劳动用工体制和薪酬制度逐渐向非国有经济所遵循的市场化模式靠拢。国有企业在劳动力雇佣方面开始有了自主权，能够从效率的角度出发做出调整企业内劳动力规模和结构的决策。国有企业的工资制度也进行了修正，国有企业面临的预算约束得到硬化，"企业办社会"的模式被摒弃，住房、医疗等福利性补贴在职工收入结构中的比重逐渐降低。职工收入与产出的关系更加紧密，教育等人力资本也得到了更好的回报。

工资分配机制的变化实际上就是各种工资决定因素相对重要性在市场经济体制下的重新确定，导致了城镇职工工资收入差距的扩大。在传统计划经济体制下，工资增长的主要决定因素是资历，因而工龄的长短可以解释当时大部分的工资差异。相较而言，在现有工资决定机制下，职工工资收入决定因素更加多元化，而且决定因素是不断变化的。正如一些相关研究表明的，学历已经取代资历成为决定职工工资收入的一个最重要的因素。教育是人力资本的重要组成部分，也是决定职工工资收入差距的重要解释因素。这主要表现在城镇个人教育收益率的逐渐提升，而且中国城镇的教育收益率呈现一种递增性，即受到高等教育的年收益率要高于受到中等教育的年收益率。人力资本对工资的影响逐渐增大，进而导致不同人力资本拥有程度的劳动者在收入上存在差异，这种收入差距无疑是"好"

1977年8月，党中央决定恢复高校招生考试制度；同年12月，全国570万青年参加高考，27.3万人成为新时期第一批大学生。图为北京某高考考场。

的不平等，能够促进劳动力资源的优化配置以及人力资本的积累。

改革开放之前，农村地区在人民公社的集体农作制下，不仅生产队对农业生产缺乏完全的自主权，而且农村劳动力这一微观主体的决策空间也极为有限。农村劳动力从事的集体劳动往往是生产队预先规定的，他们在实地劳动时也缺乏积极性，因为农民在集体劳动中既得不到与自己劳动相称的回报，所以无须为自己的偷懒行为付出全部的代价。相反，在为数不多的自留地上，农民的生产积极性得到了极大的发挥。许多农民经常在集体劳动时磨洋工，但下工后经营自留地却是异常的勤奋。集体农作和个体劳动在效率上的巨大反差，很明显同当时的经典信条与政策导向相悖，从而引发了决策层对"包产到户"的激烈争论。尽管"包产到户"在改革开放以前一直受到抑制和打压，但农民"单干"的意愿和实践从来没有间断过。

改革开放以后，包产到户正式得到决策层的认可，农村家庭联产承包责任制开始在全国范围内推行。家庭联产承包责任制的实施，使得农户拥有了自己的土地、农具等生产资料，同时也能够自由支配自家的劳动力。尽管以家庭为单位的农业生产仍具有团队生产的特性，但家庭内部利他主义的存在很好地解决了搭便车问题，破除了低效率的平均主义。集体农作向家庭农业生产的复

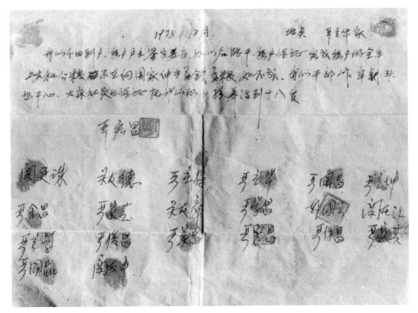

1978年12月的一个寒夜，安徽省凤阳县小岗生产队18户农民秘密签订契约，将集体耕地承包到户，拉开了中国农村改革的序幕。

归，使得农业生产重新引入了按劳分配原则，在使得收入差距适度扩大的同时，也刺激了农业生产效率的大幅提高。

除了本地务农之外，本地非农就业和外出务工也逐渐成为农村居民的就业选择。非农就业收入在增加农民收入的同时，也导致了农村居民收入不平等程度的加深。非农就业收入导致的不平等无疑是"好"的不平等，对充分利用农村劳动力资源、减少农村剩余劳动力、增加农民收入、提高劳动力资源配置效率和经济效率起到了重要作用。

2022年2月7日，河南省三门峡市卢氏县卢园广场，首批奔赴江浙等地的400余名外出务工人员准备出发。近年来，卢氏县狠抓劳动力技能培训和政企联动，构建了城乡一体、部门联推、校企联训模式，极大地提升了务工人员的技能水平，助力当地群众增收。

　　教育对农村居民获取本地非农就业收入和外出打工收入的作用都非常显著。许多研究认为，教育能够提高农村居民获取外出打工机会的概率。而在给定农村居民外出打工的情况下，教育也会使得非农就业收入增加。同样，教育也对农村居民的本地非农就业收入有着显著的促进作用。前已述及，教育回报率提高导致的收入差距扩大是"好"的不平等。这一"好"的不平等随着教育普及程度的提高，会逐渐得以缩减。

（三）消除"差"的不平等

收入差距既包括公平的收入差距（"好"的不平等），也包括不公平的收入差距（"差"的不平等）。如果社会经济主体都通过合法的途径获取报酬，而且所获得的报酬与贡献相一致，由此产生的收入差距就是"好"的不平等。相对"好"的不平等而言，"坏"的不平等是指因垄断、劳动力市场歧视等体制机制障碍导致的收入差距。

"坏"的不平等使得人们的努力与回报不相一致，而"好"的不平等能够发挥对经济主体的激励作用，引导人们通过诚实劳动、合法经营获取正当经济利益。"好"的不平等合乎效率准则。只要"好"的不平等被控制在合理范围之内，就有助于激发人们的积极性。而"坏"的不平等破坏了市场秩序、竞争规则和法律制度，损害了正常参与市场竞争的经济主体的利益，既缺乏效率，也有损公平。在主观感受上，人们对"好"的不平等较为认同，但对"坏"的不平等尤为反感。

劳动力市场分割导致工资分配的不平等，无疑是一种不公平的不均等，需要采用政策手段进行纠正。劳动力市场分割的表现形式有劳动力市场的进入障碍、身份歧视、同工不同酬等。如果劳动力市场不存在分割，那么相同人力资本的职工所获得的收入也应该一样，就不应该有所有制之间、行业之间和地区之间的差别。城乡之间与区域之间的收入差距部分也来源于劳动力市场分割。目前，统一的劳动力市场仍未成形，分割性在劳动力市场依然存在。不同所有制部门、不同行业、不同地区、不同户籍之间的劳动力流动始终面临着一些障碍。这使得不同所有制部门之间、不同行业之间、不同地区以及不同户籍人口之间的工资不平等状况难以通过劳动力的自由流动来得到缓解。所有制、行业、地区、户籍等非生产力因素对职工工资收入都具有明显的影响，其影响的大小在很大程度上反映了劳动力市场的分割程度。促进劳动力市场统一，有助于消除"坏"的不平等，也有助于提高劳动力资源的配置效率。

　　体制转轨过程中的各种垄断行为，包括部门垄断、行业垄断等，在损害效率的前提下导致了收入差距的扩大，是需要予以遏制的"坏"的不平等。对垄断行业和部门进行有效监管，限制垄断部门和行业工资的不合理增长，也会促进工资不平等状况的较大幅度的缓解。由于这些措施是对不合理的劳动力市场制度和工资模式的纠正，它们的推行在缩小工资不平等的同时，还会促进效率的提高。腐败所造成的分配不均，会严重扰乱收入分配秩序，更会激起人们对收入差距的不满情绪。

　　近年来，中国在消除"坏"的不平等上进行了不少努力。主要措施包括促进中国的劳动力市场发育，逐渐完善招聘和用工机制，杜绝家庭背景、权力、关系、"走后门"等非市场因素对劳动力的配置，使能力与努力能够获得应有的回报，从而铲除不公平的收入差距赖以滋生的土壤。此外，中国致力于户籍制度改革，逐渐取消附着在户口之上的就业准入和社会福利差别，促进劳动力在不同行业、所有制单位、地区之间的流动。不断改革薪酬制度，规范工资决定机制，尽量消除同工不同酬现象，确保工资与劳动生产率相一致。

在反垄断方面，党的十八大以来，中国围绕反垄断、反不正当竞争，做出一系列重大决策部署，完善公平竞争制度，改革市场监管体制，加强反垄断监管，推进高标准市场体系建设，推动形成统一开放、竞争有序的市场体系。针对一些平台企业存在野蛮生长、无序扩张等突出问题，中国加大反垄断监管力度，依法查处有关平台企业垄断和不正当竞争行为，防止资本无序扩张初见成效，市场公平竞争秩序稳步向好。反垄断方面的成就，也为遏制"坏"的不平等提供了有力保障。

在反腐败方面，党的十八大以来，以习近平同志为核心的党中央坚持打铁必须自身硬，把全面从严治党纳入"四个全面"战略布局。习近平总书记以"我将无我、不负人民"的赤子情怀，以"得罪千百人、不负十四亿"的使命担当，以"刀刃向内、刮骨疗毒"的坚定意志，推进党的建设新的伟大工程，以优良的作风凝聚党心民心，以严明的纪律管党治党，以零容忍的态度惩治腐败，反腐败斗争已经取得压倒性胜利并全面巩固。依托于腐败之上的"坏"的不平等也随之失去了生存的土壤。

（四）处理好效率与公平的关系

习近平总书记强调，扎实推进共同富裕，需要正确处理效率与公平的关系。效率与公平之间的关系一直是各国学界与政界所权衡与争论的重要主题。在效率与公平之间是否存在此消彼长的替换关系，或者是否能够表现为相互促进关系，都难以形成定论。对两者之间的优先次序与轻重关系选择，需要因不同国家或不同时期的经济发展程度、所面临的主要经济问题等具体情况而定。对效率优先还是公平优先的选择或许都不应是一成不变的原则。作为政策选择，所能赖以坚持的或许永远只有"相机决策"，对效率与公平的优先取舍，也应当以经济发展水平、社会矛盾的激烈程度及对抗性力量的强弱等因素为依据。

改革开放初期到党的十六大期间，中国在效率与公平的权衡上坚持"效率优先、兼顾公平"的原则。这一政策取向也是由中国特定的历史条件、基本社会矛盾等具体实际所决定的。在因长期执行平均主义的分配方式而导致经济效率低下、在社会经济发展总体水平比较落后、在社会各阶层之间的利益矛盾冲突极为缓和的条件下，这样一种政策导向对于促进社会生产力的提高、改善人民生活、增强综合国力等方面都具有显著的积极意义。在效率与公平的关系上，中国经历了从破除平均主义，到"效率优先、兼顾公平"与"初次分配和再分配都要处理好效率和公平的关系，再分配更加注重公平"，再到"以人民为中心的发展理念，共享发展与共同富裕"的转变。

党的十四大确立建立社会主义市场经济制度的目标后，市场在资源配置中发挥着越来越重要的作用，收入分配结果也逐渐受市场经济的影响，各种生产要素通过市场机制获得合理报酬是市场经济运行的条件，也是市场经济发展的结果。因此，按劳分配与按生产要素分配自然地成为社会主义市场经济条件下的分配原则。党的十四大到十六大期间，中央延续了改革开放以来激励生产积极性、发展经济的目标要求，高度重视经济效率，在收入分配政策上提出"效率优先、兼顾公平"，将效率置于公平之上。

在收入差距扩大的背景下，党的十六大对"效率优先、兼顾公平"的原则进行了必要的修订，提出初次分配注重效率，再分配注重公平，实际上在一定程度上重新界定了公平与效率的边界，初次分配和再分配各司其职，将公平

中共中央文件

中发〔1993〕13 号

★

中共中央关于建立社会主义
市场经济体制若干问题的决定

（中国共产党第十四届中央委员会
第三次全体会议 1993 年 11 月 14 日通过）

为贯彻落实党的第十四次全国代表大会提出的经济体
制改革的任务，加快改革开放和社会主义现代化建设步伐，
十四届中央委员会第三次全体会议讨论了关于建立社会主
义市场经济体制的若干重大问题，并作出如下决定。

一、我国经济体制改革面临的新形势和新任务

（1）在邓小平同志建设有中国特色社会主义的理论指

— 1 —

党的十四届三中全会通过的《中共中央关于建立社会主义市场经济体制
若干问题的决定》（部分）

与效率放在了同等重要的位置上。党的十七大报告则
明确提出"初次分配和再分配都要处理好效率和公平的关

系，再分配更加注重公平"，从而彻底改变了"效率优先、兼顾公平"的指导方针。效率和公平相对地位的变化，反映了收入差距的变化趋势，也是政府针对收入差距扩大的结果做出的应对和调整。

党的十八大报告再次强调了"初次分配和再分配都要处理好效率和公平的关系，再分配更加注重公平"的效率与公平观。党的十八大以来，中央高度重视社会公平，将共享发展上升为国家发展理念，并多次重申和强调共同富裕目标，通过扶贫攻坚、打击腐败、完善税收制度和社会保障制度等方式，收入差距扩大的趋势得到缓解并出现了小幅下降，为推进共同富裕打下了坚实的基础。

（五）缩小城乡区域发展和收入差距

习近平总书记指出："中国发展不平衡不充分问题仍然突出，城乡区域发展和收入分配差距较大。"[①] 城乡区域发展差距和居民生活水平差距显著缩小，是推进共同富裕的必由之路。

城乡收入差距在改革开放初期有所缩小，随之开始扩大。改革开放初期，受到城乡二元经济体制的影响，城乡

---

① 习近平：《扎实推进共同富裕》，《求是》2021年第20期。

居民收入有着较大的差距。从城乡居民人均收入比来看，由于农村改革早于城镇，1978—1985年城乡居民收入比出现过一个短暂的下降。1983年城乡居民收入比曾经达到1.82。家庭联产承包责任制提高了农村劳动力和土地资源配置效率，再加上对工农产品价格剪刀差的调整，农村居民收入因而进入了快速上升的通道。随着改革在城镇地区的推进，城镇居民收入增长速度超过农村居民，城乡居民收入差距也随之扩大。到1992年，城乡居民收入比已超过改革前的水平。1994年城乡居民收入比达到一个阶段性高点，之后城镇居民收入受到国企改革的影响，而农村居民收入得益于农产品价格的上涨以及外出务工收入的增加，城乡居民收入比又有所下降，在1997年回落到2.47。随后，城镇居民收入再次以快于农村居民收入的增长速度增长，城乡居民收入差距不断扩大，2007年城乡居民收入比达到3.14的最高水平。但近年来一系列促进农民增收的政策效果开始显现，城乡居民收入差距呈现明显的下降趋势。尤其是党的十八大以来实行的城乡社会保障一体化、脱贫攻坚工程和乡村振兴战略，显著提高了农村居民的收入与福利，大为缩小了城乡居民之间的收入差距。中国国家统计局的最新数据表明，2021年城乡收入比已降至2.50。

在区域差距方面。地区收入差距取决于各地区的自然禀赋、发展机会、工业化传统、市场发育等历史和现实原

2022年3月29日，无人机拍摄的甘肃省张掖市高台县南华镇蔬菜种植大棚集群。近年来，南华镇把特色蔬菜种植作为乡村振兴的主抓手，走出了一条发展蔬菜种植、振兴乡村产业、促进农民增收致富的良性发展道路。

因，是收入差距的一个重要组成部分。分省人均 GDP 的变异系数显示，1992 年以来地区收入差距逐渐扩大，这一趋势一直持续到 21 世纪初。2003 年以后，地区收入差距进入下降通道，这一方面得益于国家实施的一系列地区发展战略，如西部大开发、东北老工业基地振兴、中部崛起等战略，促进了区域协调发展，缩小了地区发展差异；另一方面，人口的大规模流动也为地区人均收入差距的缩小创造了条件。然而，需要注意的是，2015 年以来，地区之间的收入差距又出现了小幅的扩大。此外，在东西差距逐渐缩小的同时，南北差距开始凸显。

在居民收入差距方面。改革前夕或改革之初，居民收入分配高度均等化。中国居民收入差距的基尼系数低于世界上大多数发展中国家。中国城市居民收入的基尼系数在 0.2 以下，农村的基尼系数略高，但在大多数估计中，农村居民收入的基尼系数也在 0.21—0.24。相比之下，许多发展中国家城市的基尼系数在 0.37—0.43，农村的基尼系数则在 0.34—0.40。随着平均主义的打破，收入差距开始逐渐拉大，居民收入差距扩大的趋势从 20 世纪 80 年代末延续到 2008 年。为扭转收入差距的快速扩大趋势，政府采取了一系列措施，充分发挥再分配调节功能，加大对保障和改善民生的投入，进一步改革收入分配制度，收入差距持续扩大的趋势得到遏制，基尼系数在 2008 年后呈现出下降的趋势，到 2015 年，基尼系数已经下降为 0.462，但 2016 年基尼系数又小幅回升至 0.465。2017 年、2018 年、2019 年、2020 年的基尼系数则分别为 0.467、0.468、0.465、0.468。总体而言，收入差距持续扩大的趋势已得到扭转。

三 以人民为中心

共同富裕是社会主义的本质要求，经济与社会发展的核心目标是人的发展。习近平总书记在中国共产党成立100周年大会上的讲话多次谈到以人民为中心的思想，特别指出："新的征程上，我们必须紧紧依靠人民创造历史，坚持全心全意为人民服务的根本宗旨，站稳人民立场，贯彻党的群众路线，尊重人民首创精神，践行以人民为中心的发展思想，发展全过程人民民主，维护社会公平正义，着力解决发展不平衡不充分问题和人民群众急难愁盼问题，推动人的全面发展、全体人民共同富裕取得更为明显的实质性进展！"中国政府始终坚持以人民为中心的发展思想，坚持两极分化不是社会主义。伴随着经济发展，收入分配差距扩大体现了劳动生产率的差异，但同时也存在一些不合理的差距，靠经济社会自身发展难以消除和改善，就像库兹涅茨曲线①并非必然呈现倒"U"形一样，通过涓滴效应使得经济发展成果向低收入群体转移同样也不是必然的。在中国经济快速发展的同时，中国政府持续促进居民尤其是低收入群体的增收，为改善收入分配结构和经济发展成果向低收入群体转移创造了一定的必要条件，体现了有为政府的主动担当。在以人民为中心推动共同富裕的过程中，扶助低收入群体、保障劳动者收入、促进劳动力就业是以人民为中心的重要体现。

（一）消除绝对贫困

改革开放以来，中国扶贫事业取得了伟大成就。脱离贫困不仅是中国关注的焦点，而且是世界发展的核心目标。2015 年 7 月，联合国驻华系统发布报告指出："中国在落实千年发展目标上取得了前所未有的卓越成就，其中包括从1990 年到 2011 年，帮助 4.39 亿人摆脱贫困，五岁以下儿童死亡率降低了三分之二，孕产妇死亡率降低了四分之三，将无法持续获得安全饮用水及基本卫生设施的人口比例降低了一半。"在此基础上，中国政府进一步推动了以人为中

---

① 库兹涅茨曲线是一条假设曲线，描绘了经济发展过程中经济不平等与人均收入的关系（假设与时间相关）。

心的脱贫措施，推行精准扶贫政策，在 2020 年实现了消除现行贫困标准下的绝对贫困。

中国政府推行的脱贫政策，并非是单一的、线性的，而是多样化的、不断调整的。不同的扶贫政策之间存在着穿插，虽然有一定的节点，但并非是一刀切式的变革。这些不同的政策以不同的方式体现着以人民为中心的思想。改革开放初期，中国是一个低收入国家，经济发展水平比较落后，而当时中国的贫困人口高达 2.5 亿，贫困率更是达到了 30.7%。推行经济改革、促进经济发展是当时帮助农民脱贫的首要选择。中国的贫困人口主要集中在农村，温饱是农村贫困人口面临的头等大事。为了使农村贫困人口能够解决温饱问题，改变原有的农业生产方式开启了农村改革的先河。家庭联产承包责任制的推行使农民成为了相对独立的经济体，大幅提高了农民生产的积极性。1979—1984 年，中国农业生产率年均提高 7.1%，是 1970—1978 年的 2.63 倍。伴随着农业劳动生产率的提高，农村劳动力剩余逐渐显现出来。如何推动农村剩余劳动力参与非农就业，进一步提高农民收入，脱离贫困，是农村居民面临的新挑战。在计划经济时期，城乡之间的劳动力流动受到了极强的限制。针对农业剩余人口需要从事非农就业的需求，1984 年发布了《关于一九八四年农村工作的通知》，放宽了农民向城镇流动的限制，一改之前对农村劳动力进城务工的严格限制。然而，同时期城镇地区的国有企业用工制度并没有给农民进城务工留下充裕的空间。在"离土不离乡"的政策背景下，农村内部的非农产业蓬勃发展，繁荣一时，为农民创造了非农就业的机会，进一步提高了农村家庭的收入。

伴随着改革开放的深入，特区经济的发展、城镇地区非公经济的发展，城镇地区的非农就业机会喷涌而出，大量农业剩余人口开始向城镇流动务工。1994 年党的十四届三中全会明确了中国社会主义市场经济体制，各种所有制经济体都可以参与市场竞争，同时鼓励并引导农村剩余劳动力向非农业转移。同年出台的《国家八七扶贫攻坚计划（1994—2000 年）》明确了扶贫方针，开启了大规模的开发式扶贫，以充分挖掘贫困地区生产要素潜力的方式，辅助农村贫困人口脱贫。农村居民收入中工资性收入占比逐渐提高，从 1990 年的 14.6% 持续上升到 2001 年的22.32%。

针对贫困人口结构的变化、贫困水平的变化以及经济社会的发展，中国的扶贫政策在持续地推动调整，从而更具针对性地消除贫困。2001 年中国农村的贫困发生率降至3.2%，农村贫困人口的温饱问题已经基本解决。同年，中央扶贫开发工作会议提出了《中国农村扶贫开发纲要（2001—2010 年）》，持续推进开发式扶贫。以经济建设为中心，市场为导向，针对贫困县开展范围较广的区域式扶贫。2010年低收入贫困线下的农村贫困发生率仅为2.8%。伴随着贫困人口规模的缩小和贫困发生率的下降，2011年发布了《中国农村扶贫开发纲要（2011—2020年）》，一方面提高了贫困标准，另一方面在巩固温饱的基础上，逐步开展全面扶贫，逐步推行"两不愁三保障"①。伴随着改革开放的持续发展，农村地区具备条件借助经济发展脱贫的贫困人口大多已经脱贫，贫困人口的区域性、集聚性大幅减弱，更体现出分散的特征。以区域为对象的开发式扶贫，在贫困人口特征发生变化的情况下，难以更具针对性地扶助贫困人口脱贫。鉴于贫困人口特征的变化，党的十八大以来的扶贫政策转向了"精准脱贫"，扶贫更加细化，更具针对性，将难以借助开发式扶贫脱离贫困的群体作为重点对象。

习近平总书记指出"小康不小康，关键看老乡，关键在贫困的老乡能不能脱贫"，拉开了脱贫攻坚的序幕。"全力实施脱贫攻坚"成为"十三五"规划（2016—2020）的重要篇章。同时，省区市党政一把手向中央签署《脱贫攻坚责任书》，并层层立下军令状。这个阶段的扶贫方式和扶贫资金呈现多样化、超常规的特征。从扶贫方式来

---

① "两不愁三保障"即不愁吃、不愁穿，义务教育有保障、基本医疗有保障、住房安全有保障。

两张全家福　见证脱贫路

（上图为1998年刀正华一家在屋前合影，下图为2020年5月20日，刀正华一家在新居前合影。）

看，在2002—2010 年的基础上进一步拓展了扶贫维度。2015 年中国国家发展和改革委员会推出"五个一批"的扶贫政策：发展生产脱贫一批、易地扶贫搬迁脱贫一批、生态补偿脱贫一批、发展教育脱贫一批和社会保障兜底一批。"五个一批"中的易地搬迁、生态补偿、发展教育和社会保障兜底更加侧重于通过再分配方式使贫困人口脱离贫困。

从扶贫资金规模来看，精准扶贫阶段亦具有明显的再分配特征，再分配的力度加强。2013—2020 年各级财政专项扶贫资金累计达到了 1.6 万亿元，其中中央财政专项扶贫资金累计达到了 6600 亿元。同时，以先富带动后富为出发点，实施东中西部对口支援，2015—2020 年，东部 9 个省份向扶贫协作地区投入的财政援助资金和社会帮扶资金高达 1005 亿元。中央单位和民营企业都投入精准扶贫工作中。除了资金投入之外，还有大规模的人力投入。扶贫工作从建档立卡到扶贫到户，都需要相关人员深入调查和跟进。每个贫困村都有驻村工作队、每个贫困户都有帮扶责任人。截至 2020 年底，中国累计选派 25.5 万个驻村工作队、300 多万名第一书记和驻村干部，同近 200 万名乡镇干部和数百万名村干部共同开展扶贫工作。2019 年农村贫困标准为每人每年 3218 元，当年贫困率仅为 0.6%。2021 年消除了现行贫困标准下的绝对贫困。

（二）兜底筑牢基本生活底线

社会救助是社会保障中的重要环节，发挥着安全兜底的功能，保障贫困家庭及低收入家庭获得最基本的生活需求，免于陷入贫困的境地。德国在 1860 年颁布了第一部社会救济法，开启了国家社会救助的先河。中国社会救助的起步比较晚，而且其起初的目标群体是城镇贫困人口。城镇社会救助成立之初之所以与农村扶贫体系分开，主要是因为在其成立之时，中国农村和城市之间存在较大的收入差距，同时城镇的生活成本也相对较高，如果采用与农村相同的扶贫方式，则难以起到保障城镇低收入群体基本生活的作用。

相比农村而言，中国城镇的贫困问题几乎不存在。若以每天每人 1 美元作为贫困线，1990 年中国城镇的贫困率仅为 1.0%；而中国农村若以每年每人 300 元作为贫困线，1990 年中国农村的贫困率则高达 9.4%。从城乡的贫困率比较来看，20 世纪 90 年代初中国贫困人口主要在农村，参照农村的贫困线，中国城镇几乎不存在贫困人口。然而，此后中国城镇的贫困问题逐渐显现，1988—1999 年中国城市贫困发生率有所上升。1993 年城市低保在上海市开始试点。随着国有企业改革的逐步推进，城镇下岗职工大规模增加，城镇贫困问题也逐渐被社会各界重视，下岗职工的基本生活保障成为城市面临的重大问题。为了解决城镇下岗职工的贫困问题，以城镇最低生活保障（以下简称"低保"）开始的社会救助开启了中国社会救助的先河。1997年国务院发布了《关于在全国建立城市居民最低生活保障制度的通知》，要求"1999年底以前，县级市和县政府所在地的镇要建立起这项制度"，至此中国城镇的社会救助全面开启。1998—2002年，获得低保的人数急剧增长，从1998年的184.1万人快速上升至2002年的2064.7万人。城镇低保在保障城镇低收入群体基本生活上起到了重要作用。由此形成了城乡之间相对独立的社会救助体系。

农村低保制度与城市低保制度几乎同时开启了试点，只是推进速度相对缓慢。1993—1994年农村低保制度开始在一些地区试点；1995—1996年一些省份开始推广农村低保制度；2005—2006年中央文件鼓励有条件有经济实力的地方尝试建立农村低保制度。随着开发式扶贫的持续推进，农村贫困人口急剧减少，但仍有一些贫困人口尚未解决温饱问题。这部分农村贫困人口的区域性、连片性大幅降低，更具有分散性，其在一定程度上缺少借助开发式扶贫的必要条件，需要政府进一步扶助，以保障其基本生活。由此，2007年国务院发布了《关于在全国建立农村最低生活保障制度的通知》，将最低生活保障制度在农村全面推广。在消除现有贫困标准下绝对贫困的脱贫攻坚过程中，农村低保充分发挥了社会兜底的作用。2020年落实最低生活保障的民政部和推进扶贫政策的国务院扶贫办联合发布了《社会救助兜底脱贫行动方案》，在健全完善监测预警机制的同时，强化了农村低保兜底保障。

虽然城乡之间的最低生活保障标准依然存在差异，但是在制度层面具有一致性。城乡之间的社会救助体系分割并非持续存在，而是随着贫困人口、低收入人口的特征变化而不断发展。伴随着现阶段农村绝对贫困的消除，农村低保和城镇低保也逐步走向合并，2014年出台的《社会救助暂行办法》将城乡最低生活保障纳入统一的系统，不再以城镇低保和农村低保来进行区分，而是更加侧重于居民生活必需的费用。

最低生活保障制度的覆盖对象主要是以家庭为单位，当共同生活的家庭成员人均收入低于当地最低生活保障标准是给予低保的前提。然而，在就业人口层面，依然有低劳动收入群体，最低工资制度则是为了保障该群体的就业收入水平。1993年劳动部发布了《企业最低工资规定》，提出最低工资率应参考当地最低生活费用、职工的平均工资、劳动生产率、城镇就业状况和经济发展水平等因素来进行确定，且应该高于当地的社会救济金和待业保险金标准。1995年出台的《劳动法》确立了最低工资制度，2004年劳

从"困难兜底"到"幸福供养",民生保障在升级——山东省德州市建立社会大救助保障体系,帮助22258名困难群众摆脱了生活困境,为低保、特困、低边、支出型和易致贫返贫五类人员共计21.3万人建立起动态监测机制。

动和社会保障部公布了《最低工资规定》。最低工资标准的调整频率从一年一次调整为一年至少两次,并且明确了最低工资标准应该覆盖的收入以及应当剔除的收入。例如:在核算劳动收入是否低于最低工资标准时,加班收入、特殊工种的津贴等应该被剔除。同时值得注意的是，随着国有企业改革的深入，非全日制式的就业形式也越来越多，2004年出台的《最低工资规定》明确了小时最低工资制度，以保障非全日制就业劳动者的权益。2008年出台的《劳动合同法》进一步针对最低工资提出了相关条款。2013年出台的《关于深化收入分配制度改革的若干意见》中进一步调整了最低工资标准的调整频率，并提出"到2015年绝大多数地区最低工资标准达到当地城镇从业人员平均工资的40%以上"。

从劳动力市场的理论来看，最低工资对劳动收入的影响，与劳动力市场结构、供求状态、劳动力流动以及劳动与资本之间的关系具有密切联系。一方面，高于劳动力市场行情的最低工资标准，可能带来更大范围的失业，并不利于保障低收入者收入、缩小收入差距。另一方面，最低工资标准也具有一定的溢出效应，低收入者劳动收入的上涨也推动了中等收入群体收入的增加，因此有助于扩大中等收入群体。从已有研究来看，最低工资标准提高对男性和女性工资均存在一定的溢出效应，对工资较低群体的溢出效应大，而对工资较高群体的溢出效应较弱，最低工资制度的推行在有助于提高低收入群体工资的同时，也有助于抑制城镇居民收入差距的扩大。同时，针对农民工群体而言，最低工资标准的提高显著缩小了农民工群体内部的收入差异，很可能成为近年来社会整体收入差距缩小的路径之一。

（三）在流动中分享经济发展果实

中国的农村劳动力转移被誉为史上最大规模的人口流动，对缩小收入差距、提高低收入群体收入起到了举足轻重的作用。2021 年农民工总量达到了 2.9 亿人，其中外出农民工达 1.7 亿人，本地农民工 1.2 亿人。"民工潮"出现距今已经三十多年，这期间农民工规模持续增加，仅在 2020 年受到新冠肺炎疫情的影响略有下降。在从计划经济走向市场经济的过程中，针对农村劳动力转移的政策不断地进行了调整，以满足农村劳动力转移的需求。在计划经济时期，农村劳动力向城镇流动受到了严格限制。随着农村家庭联产承包责任制的推行以及农业生产率大幅提高，农产品供给大为丰富；同时，优先发展重工业的战略逐渐开始改变，非公经济开始逐步发展，这为农村劳动力迁移提供了推力和拉力。为了顺应劳动力市场的需求，《关于一九八四年农村工作的通知》放宽了农民向城镇流动的限制。

由于中国城乡二元经济结构的特征以及户籍制度下城乡分割的基本公共服务体系，进城务工的农民工难以获得与城镇居民完全一致的基本公共服务，常住人口城市化被视为是"虚城市化"。为推进农民工共享城镇基本公共服务，2001 年以来开启了基本公共服务均等化的进程。2003年出台了《关于进一步做好进城务工就业农民子女义务教育工作的意见》，提出"进城务工就业农民流入地政府负责进城务工就业农民子女接受义务教育工作，以全日制公办中小学为主"。2006 年修订的《义务教育法》进一步保障了学生在非户籍所在地接受义务教育的权利。面对 2008 年国际金融危机对就业的冲击，2010 年出台了《国务院办公厅关于进一步做好农民工培训工作的指导意见》。2011 年针对户籍制度的改革，出台了《国务院办公厅关于积极稳妥推进户籍管理制度改革的通知》，分类明确户口迁移政策。2014 年《国务院关于进一步做好为农民工服务工作的意见》着重强调，基本公共服务逐步转向按照常住人口的规模进行配置，由主要对本地户籍人口提供向对常住人口提供转变。2019 年出台的《关于促进劳动力和人才社会性流动体制机制改革的意见》提出，全面取消城区常住人口 300 万以下的城市落户限制，全面放宽城区常住人口 300 万至 500万的大城市落户条件。完善城区常住人口 500 万以上的超大特大城市积分落户政策，进一步推进基本公共服务均等化，常住人口享有与户籍人口同等的教育、就业创业、社会保险、医疗卫生、住房保障等基本公共服务。

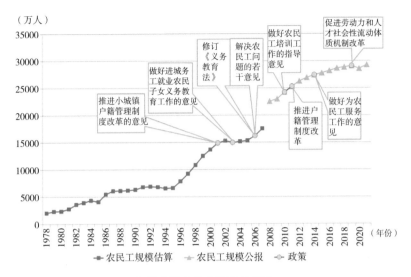

农民工基本公共服务的变化

注：农民工估计数量＝城镇人口－非农业人口

资料来源：根据历年《中国人口和就业统计年鉴》《国民经济与社会发展统计公报》和《农民工动态监测报告》整理得到。

农村劳动力大规模迁移，对于农村贫困人口脱离贫困以及缩小城乡收入差异具有重要意义。随着市场化水平的提高，工资与劳动生产率之间的关系也更为密切，在收入层面体现为不平等程度提高，城市内部和农村内部的收入不平等程度都在提高。同时，农村和城市之间的不平等程度以更大的幅度提高。然而，考虑到流动人口难以被调查制度覆盖，当涵盖了全部流动劳动力及其家庭的收入时，城乡差距并非像观察到的那么大。值得注意的是，考察农民工对城乡之间收入差距的影响，需要同时考虑农民工的收入增长和城镇本地居民的收入增长。就农民工而言，农民工在城镇就业过程中，其所面临的劳动力市场歧视也随着劳动力市场结构的变化而不断变化。从"民工潮"转型"民工荒"的过程中，农民工在劳动力市场面临的就业歧视也逐渐减弱，近年来，农民工与城镇本地劳动力之间的工资差距主要是由人力资本差异带来的，因歧视带来的差异非常低。农民从劳动生产率低的农业生产迁移至劳动生产率较高的产业，这无疑会提高农村居民至少是迁移劳动力的工资收入。

农民工大幅迁移至城镇就业的这个时期，也是城镇本地居民收入快速增长的时期。研究显示，农民工工资在2002年之前几乎没有增长，此后才出现了较快的增长；然而，城镇居民的工资收入在1990—2002年一直处于持续增长中，年均增长率达到15.36%。这意味着，当乡城迁移劳动力与城镇劳动力共同分享劳动收入这块蛋糕时，收入增长速度更快的群体将会获得更大的份额。2002年以后农民工工资大幅上涨，城镇劳动力市场上的收入分配格局也逐渐发生了变化。2002—2007年，虽然农民工平均收入的增长率依然低于城镇本地劳动力，但是中等收入以下的农民工的收入增长率已经高于城镇本地劳动力。2007—2013年，不仅农民工平均收入的增长率大幅高于城镇本地劳动力的平均收入增长率，而且各收入区间的收入增长率均高于城镇本地劳动力。这意味着，2007 年以来，城镇劳动力市场上的收入分配全面向农民工倾斜，农民工工资获得了更快的增长。这一变化与宏观层面的收入分配结果相一致，2009 年以后中国收入分配的基尼系数呈现下降的趋势。

当充分考虑农民工就业及其收入的情况时，城乡收入差距将会比遗漏该群体收入时的城乡收入差距有所缩小。伴随着近年来农民工收入水平的大幅提高，其收入增长率甚至全面超过了城镇本地劳动力，城市劳动力市场上的收入分配结构向农民工倾斜时，将有助于推动城乡收入差距从持续扩大转向缩小。农村居民收入水平提高，缩小城乡收入差距亦是乡村振兴的核心体现。

（四）持续扩大就业

中国是一个人口大国，劳动收入是大多数人的主要收入来源，是农村贫困人口减少、提高低收入群体收入的基石。促进就业、减少失业一直以来都受到中国政府的高度关注。党的十九大明确指出就业就是最大的民生。就业是经济发展的引致性需求，经济增长是扩大就业的前提，促进和发展能够吸纳大量劳动力的劳动密集型产业是就业持续扩大的基础。在经济平稳发展的过程中，就业难问题在很大程度上可以依靠经济发展得以解决，然而在面临外界冲击、破坏性创造时，则需要政府进行一定的干预和扶助，促进失业群体再就业。改革开放以来，就业面临几次重大冲击，针对不同群体面临的就业问题，推行出台相关扶助政策，打破常规，有破有立，扩大就业更具精准性在很大程度上缓解了就业问题。

尽管就业问题始终存在，但是面临就业困难的群体并非一以贯之，而是不断地发生变化。针对不同的典型就业困难群体，从其实际出发，提高了政策的精准性。改革开放之前，劳动力对于就业的选择范围非常有限。改革开放初期，下乡知识青年回城给城市就业带来了巨大就业压力。为了解决返城知识青年的就业问题，1980 年召开的全国劳动就业工作会议提出了"三结合"的就业方针，将劳动部门介绍就业、自愿组织起来就业和自谋职业相结合。这对于当时按计划分配工作的就业方式来说，无疑是一个重大突破。虽然每年都面临就业压力，但随着改革开放的推进，快速的经济发展提供了大规模增长的就业。城市面临的第二次巨大规模的就业压力，来自 20 世纪末推行的国有企业改革。国有企业改革虽然增强了国有企业活力，但是同时也带来了大规模的国有企业职工下岗失业。为了促进下岗职工的再就业，政府部门在增强再就业能力、提高劳动力市场匹配效率、加快社会保障制度建设等方面都进行了诸多努力。2002 年出台了《中共中央、国务院关于进一步做好下岗失业人员再就业工作的通知》，并持续多年关注下岗职工再就业问题，持续开展下岗职工再就业培训，以减免税费的方式鼓励下岗职工自谋职业和自主创业，同时以减免税费的方式鼓励企业吸纳就业，灵活就业的下岗职工在申报就业并参加社会保险时，给予一定的社会保险补贴。除此之外，为了缓解下岗给下岗职工家庭带来的冲击，失业救济金和城镇最低生活保障在短时间内全面推广，保障了下岗职工再就业之前的基本生活需求。

2008 年国际金融危机爆发，中国对外贸易受到了巨大冲击。对外贸易中的劳动密集型产业是吸纳农民工就业的核心群体，这一冲击使农民工就业面临空前的困境。为了解决和保障农民工就业，2010 年国务院办公厅发布了《关于进一步做好农民工培训工作的指导意见》，提出"到 2015年，力争使有培训需求的农民工都得到一次以上的技能培训，掌握一项适应就业需要的实用技能"。

伴随着中国经济进入新常态，经济增速有所下降，2018 年中央经济工作会议中提出了就业优先政策，就业优先政策成为宏观政策的核心内容。面对突如其来的新冠肺炎疫情，2020 年两会提出了"六保"，即保居民就业、保基本民生、保市场主体、保粮食能源安全、保产业链供应链稳定、保基层运转，使"六保"成为"六稳"的着力点。"六稳"在 2018 年被首次提出，即稳就业、稳金融、稳外贸、稳外资、稳投资、稳预期，首要稳的就是稳就业，在稳就业的同时还提出要稳预期工作。从"六稳""六保"的内容来看，就业都在首要位置，就业的重要性不言而喻。然而，想要保住、稳住就业，并非只靠劳动力市场一己之力，而是需要多部门、多项政策共同发力。中央及地方政府从财政税收、金融供给、社会保障等多个渠道连续出台了多项政策，以促进企业复工复产从而推动劳动力就业。

大型融媒体招聘品牌行动"国聘行动"至今已连续举办三季，截至2022年7月，"国聘行动"平台入驻企业达3.8万家，提供职位数超329万个，累计收到简历超1131万份，高效助力稳就业、保就业工作。图为"不负韶华国聘行动"海聚英才上海专场企业宣讲现场。

在医疗救助方面，2019 年 12 月底湖北武汉暴发新冠肺炎疫情，2020 年 1 月国家医疗保障局和财政部联合发布了

《关于做好新型冠状病毒感染的肺炎疫情医疗保障的通知》，把人民群众生命安全和身体健康放在第一位，明确要求不能因为费用问题影响就医、救治。随后，财政部和国家卫生健康委联合发文，明确了因新冠肺炎疫情引起的救治费用补贴政策、对医护人员的补助以及对所需设备等方面的补助。财政资金的支持使新冠肺炎疫情得到了控制，新增、重症率和死亡率都出现大幅下降，并逐步清零。这为复工复产提供了基础。

在金融支持方面，强调保持流动性合理充裕，加大货币信贷支持力度，对受到疫情影响较大的企业，特别是小微企业，不得盲目抽贷、断贷、压贷。对受疫情影响严重的企业到期还款困难的，可予以展期或续贷。给企业信贷方面的支持，为企业渡过疫情难关提供了帮助，同时也保住了这些企业的就业。

在就业促进方面，确保重点企业用工，对于2020年2月9日之前开工生产、配送疫情防控急需物资的企业，可以给予一次性吸纳就业补贴。强调做好劳动者的疫情防控、改善劳动者生产生活条件，支持中小微企业稳定就业，增加了补贴类培训、工业企业结构调整专项奖补资金。对受疫情影响暂时失去收入来源的个人和小微企业，申请贷款时予以优先支持。

在社会保险方面，在一定时间内免征中小微企业三项社会保险单位缴费部分，大型企业等其他参保单位（不含机关事业单位）三项社会保险单位缴费部分可减半。切实降低了中小微企业在社会保险方面的负担。

疫情给世界经济发展带来了巨大冲击。《2022 年世界发展报告》指出，2020 年全球约 90% 的国家经济活动收缩，但到 2021 年，40% 的发达经济体已恢复并超过了 2019 年的产出水平，而做到这一点的中等收入国家和低收入国家分别只有 27% 和 21%。2020 年中国 GDP 增长率虽然大幅下降，但是依然保持了一定程度的正增长，增长率达到了 2.3%。2021 年中国 GDP 的增长率达到了 8.1%，2020 年和 2021 年两年平均增长率达到了 5.1%。同时，就业人员也保持了一定的增长，受疫情冲击比较大的农民工就业在 2021 年也大幅提高，2021 年农民工总量比 2020 年增长了 2.4%，超过了 2019 年的就业总量。

四 促进人的全面发展

促进人的全面发展，实现共同富裕，意味着促进社会公平正义，在更高水平上实现幼有所育、学有所教、劳有所得、病有所医、老有所养、住有所居、弱有所扶，让发展成果更多更公平惠及全体人民。新中国成立以来，党带领全国人民在教育、健康和医疗卫生事业、住房条件改善、社会保障体系的建设和完善方面做出了巨大的努力，促进人的全面发展，并朝着共同富裕目标不断迈进。

（一）教育更加公平更有质量

教育是人力资本的最重要组成部分，是经济增长的重要来源。教育公平是社会公平的重要基础，公平有质量的教育有助于社会和谐发展，推动共同富裕目标的实现。新中国成立以来，中国的教育取得了举世瞩目的成就，实现了从人口大国向人力资源大国的历史性转变。新中国成立初期，中国是一个教育极端落后的国家。1949 年，中国80％的人口是文盲，小学和初中入学率只有20％和6％，高校在校生仅有 11.7 万人。经过七十多年的发展，到 2020年，全国人口的文盲率下降至 2.67％，15 岁及以上人口的平均受教育年限提高至 9.91 年，学前教育毛入园率达85.2％，九年义务教育巩固率达 95.2％，高中阶段毛入学率达 91.2％，各类高等教育在学总规模 4183 万人，高等教育毛入学率达 54.4％。这些成就是中国不断推动公平有质量的教育事业发展的结果。

新中国成立初期，中国在推动教育公平上做出了巨大的努力，并在很短的时间内形成了比较完整的人民教育体系。1949 年 9 月中国人民政治协商会议第一届全体会议通过的《中国人民政治协商会议共同纲领》指出，"中国的文化教育是民族的、科学的、大众的文化教育"，"要有计划有步骤地实行普及教育"。1954 年通过的《中华人民共和国宪法》将中国公民的受教育权利和义务以法律的形式确定下来，并提出普及初等义务教育，发展中等教育、职业教育、高等教育和学前教育。普及教育侧重教育公平，而加强各类教育则是建立完整教育体系的具体表现。为了推动教育公平，除了普及初等教育以外，还要求中学保障青年工农及工农子女的录取比例。此外，从 1951 年就开始推行的全国规模的扫盲运动，大幅降低了农村的文盲率，也促进了教育公平。经过几年教育发展经验的积累，1961 年颁布了"高校 60 条"，1963 年颁布了"中学 50 条""小学 40 条"，建立了规范和较为完善的学校教育体系。"文化大革命"时期，教学秩序一度遭到破坏，高等学校取消考试，采取推荐与选拔相结合的招生办法，中小学也废止了升学考试，但中小学学生数量，尤其是农村学生数量仍然有大幅增加。

改革开放以来，国家高度重视教育事业的发展。改革开放伊始即恢复统一高考制度、向海外大规模派遣留学生。党的十二大将教育和科学列为经济发展的三大战略重点之一。1986 年推行《中华人民共和国义务教育法》，在原来普及初等教育的基础上普及初级中等教育，实行九年制义务教育。1992 年党的十四大制定了"基本扫除青壮年文盲，基本普及九年义务教育"的"两基"目标。到 2011 年底，"两基"目标基本实现，全面普及了九年义务教育，青壮年文盲率下降至 1.08%。受亚洲金融危机的影响，也基于经济发展的需要，1999 年党和政府作出了扩大高等教育规模的重大决策，此后高校招生规模不断扩大，高等教育毛入学率不断提升。为了解决入园难的问题，2010 年开始大力发展学前教育，到 2020 年学前教育毛入园率达到 85.2%。

除了普通教育以外，为了适应经济发展对职业技术人员的需要，职业教育得到不断发展，形成了普通教育与职业教育并行的双轨制教育体系。改革开放初期即恢复发展中专和技校，并大力发展职业高中。1996 年《中华人民共和国职业教育法》颁布，明确地把中国的职业学校分为初等、中等和高等，确立了职业教育在中国教育体系中的法律地位。1998 年《面向 21 世纪教育振兴行动计划》明确提出通过"三级分流"建立初、中、高相互衔接的职业教育体系。2004 年《关于以就业为导向，深化高等职业教育改革的若干意见》明确了职业教育的就业导向。为了推动职业教育教学质量的发展，2006 年教育部、财政部启动了"国家示范性高等职业院校建设计划"，遴选 100 所高职院校进行重点建设，后续又遴选 100 所"国家骨干性高等职业院校"，2010 年开展 1000 所示范性中等职业学校建设。2014 年出台的《关于开展现代学徒制试点工作的意见》，开启了职业教育人才培养模式的改革，此后产教融合、产学融合得到不断深化，有利于充分发挥职业教育对经济增长的促进作用。经过多年的发展，普通教育和职业教育结构不断完善。

教育公平在改革开放以来得到不断改善。最主要的表现是从 2005 年开始免除农村义务教育阶段学杂费，2008 年开始免除城市义务教育阶段学杂费，解决了低收入家庭尤其是农村低收入家庭子女因经济原因辍学的问题，有利于义务教育的全面普及，也在提升低收入家庭子女受教育水平、实现教育公平的同时，阻断贫困的代际传递。教学管理和经费保障方面的改革有利于促进教育公平。2001年义务教育管理体制从以乡镇为主改为以县为主，有利于稳定农村教育的底盘。教学经费方面，2005年出台了《国务院关于深化农村义务教育经费保障机制改革的通知》，逐步将农村义务教育全面纳入公共财政保障范围，建立中央和地方分项目、按比例分担的农村义务教育经费保障机制，为实现免除义务教育阶段学杂费和普及义务教育提供了经费保障。为各级学生提供助学金和助学贷款即通过增加贫困家庭子女受教育机会促进了教育公平。对于庞大的流动人口子女，提出"以流入地区政府管理为主，以全日制公办中小学为主"的"两为主"政策，解决了流动人口子女接受义务教育的问题。此外，为了实现教育均衡发展、促进教育公平，中央采取各种措施，推动教育资源向农村地区、中西部地区、少数民族地区和贫困人口倾斜。例如内地新疆班、西藏班的设立，为新疆和西藏地区人才培养创造了条件。西藏1985年开始就对义务教育阶段农牧民子女实行包吃、包穿、包住（现为包吃、包住、包学习费用）的"三包"政策，并于2011年在全国范围内率先全面实现从学前教育到高中的15年免费教育。新疆也从2017年12月起实现15年免费教育。

广西融水苗族自治县杆洞乡党鸠小学地处桂黔交界的大苗山深处，教学环境一度非常艰苦。近年来，党鸠小学的硬件设施全面升级改造，上图左、中为党鸠小学2006年之前一直使用的木质教学楼；上图右为党鸠小学自2006年至改造前的教学楼；下图为自2019年起至今升级改造后的党鸠小学。

（二）医疗卫生事业持续发展

健康是人力资本构成中最基本的要素，良好的健康标志着良好的生活质量。实现更高水平的全民健康，既是共同富裕的内在要求和主要目标，也是实现共同富裕的基本保障和重要支撑。新中国成立以来，中国的健康状况得到

全面改善。出生时的预期寿命从 1949 年的 35 岁提高至
2019 年的 76.9 岁，孕产妇死亡率从 2000 年的 59.0/10 万下
降至 2020 年的 16.9/10 万，婴儿死亡率和 5 岁以下儿童死
亡率则分别从 1969 年的 83.4‰、118.4‰下降至 2020 年的
5.5‰、7.3‰。这些成就离不开中国医疗卫生事业的发展。

新中国成立初期，中国
广大地区严重缺医少药，居
民健康知识和卫生习惯极为
欠缺，地方病传染病肆虐。
为尽快改变这种状况，政府
把预防严重危害人民健康的
流行病、严重威胁母婴生命
的疾病和建立基层卫生组织
作为工作重点。1955 年基本
控制鼠疫，20 世纪 60 年代初
期灭绝天花，霍乱也很快在
中国绝迹，血吸虫病得到有
效控制和治疗，医疗卫生环
境得到有效改善。在卫生组
织方面，1949 年中国仅有医

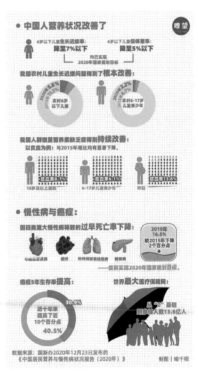

"十三五"时期中国居民营养
与慢性病改善状况

疗卫生机构 3670 家，以医院为主，占比达到 70.84%，而
广大农村地区几乎没有医疗机构。为此，政府把医疗卫生

机构的建设重点放在农村，到 1960 年，医疗卫生机构数量增加至 261195 家，其中医院增加至 6020 家，而增长最为迅速的是门诊所（主要是后来的村卫生室）和乡镇卫生院，其中门诊所从 1949 年的 769 家增加至 1960 年的 213823 家，乡镇卫生院则从 0 起步，1960 年已经增加至 24849 家。疾病防治中心（防疫站）迅速建立，1960 年达到 1866 家，为各类传染病的治疗和预防做出了重要贡献。到 1965 年，农村绝大多数地区的县、公社、生产大队都已建立起医疗卫生机构，形成了较为完善的三级防护保健网，极大地提高了农村地区医疗卫生服务的可及性，农村缺医少药的局面大为改观，医疗卫生服务的分配趋于均等化，并最终带来全国人口健康指标的显著提高。基本医疗保障制度的建立也为健康状况的改善发挥了重要作用。城镇建立了以企业职工为保障对象的劳保医疗，以及以机关事业单位工作人员为保障对象的公费医疗制度，覆盖了城市大多数劳动者和大多数职工家属，农村地区的医疗保障则由合作医疗制度覆盖，在一定程度上减轻了患者的经济负担。到 1981 年，预期寿命大幅提高至 67.8 岁，婴儿死亡率降至 37.6‰。新中国医疗卫生工作取得的伟大成就，被世界卫生组织誉为"发展中国家的典范"。

随着改革开放和市场化的推进，医疗卫生体系也在不断完善。人民公社时期，村卫生室靠集体经济维持，运营

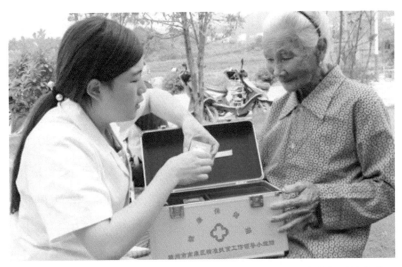

2020年6月，江西省赣州市南康区共有近2.5万户贫困家庭领到装有保健必备药品和医用品的爱心药箱。图为南康区浮石乡卫生院的医生在为村民讲解爱心药箱里药物的用处。

经费由生产队拨付。改革开放后，人民公社解体，卫生室的资金来源成为问题。适应市场化的发展，大部分村卫生室改为自主经营、自负盈亏的私人诊所。县、乡卫生机构成为财政拨款的公立机构，但资金来源中财政拨款所占份额逐渐下降，机构运行逐渐依靠收费。城市医院也是如此，医院扩大了自主经营权，但国家减少了对医院的直接补助。为了提高城镇基层医疗服务的可及性，1997 年开始发展社区卫生服务，建立社区卫生服务中心。此外，政府放松了非公立医疗机构审批，大量民营医院、小诊所获准设立。医疗机构显著增加，形成了由多元服务供给者构成的、覆盖城乡的三级医疗服务供给体系，医疗服务的可及性大幅上升。数据显示，医疗卫生机构数从 1980 年的 180553 家大幅上升至 2020 年的 1022922 家，其中医院数量从 9902 家上升至 35394 家，社区卫生服务中心的数量增长至 35365 家。农村乡镇卫生院和村卫生室的数量有小幅下降，但门诊所的数量显著提高，从 1980 年的 102474 家增长至 2020 年的 289542 家 。2003 年发生"非典"疫情后，中央加强了突发公共卫生事件处置能力，建成了全球最大的传染病疫情和突发公共卫生事件监测网，组建了应急防控队伍，公共卫生整体实力和疾病防控能力大幅提升。

逐渐建立起世界最大的基本医疗保障网络。在"文化大革命"期间，城镇企业职工医疗保险由国家兜底转变为由企业保障，不同企业负担差异较大。随着市场化改革的推进，多种所有制企业并存，原来主要覆盖全民所有制企业的劳保医疗难以适应市场化的发展，新进入企业和老企业的负担差距也较大，不利于市场公平竞争。1989 年，医疗保险改革开始试点，试行不同的个人负担机制。1993 年，劳动部先后发布《关于职工医疗保险制度改革试点的意见》和《关于职工医疗保险制度改革试点意见的补充通知》，要求建立国家、用人单位和个人三方负担的、覆盖全体职工的医疗保险制度。在总结试点经验的基础上，1998 年国务院印发《关于建立城镇职工基本医疗保险制度的决定》，标志着社会统筹与个人账户相结合的城镇职工医疗保险制度正式建立，医疗保险制度覆盖范围扩大至城镇所有用人单位。

农村的合作医疗在人民公社解体后逐渐瓦解，部分地区开始探索集资医疗和社会医疗等医疗保险新模式。2002年，国务院发布《关于进一步加强农村卫生工作的决定》，要求"建立和完善农村合作医疗制度和医疗救助制度"。2003年开始试点实行新型农村合作医疗制度。2007年新农合在全国范围内铺开。

城镇非就业居民的医疗保险制度的建立则较晚。2007年开始试点城镇居民医疗保险，2009年全面推开。至此，中国建立了覆盖全体人民的医疗保险制度。面对城乡居民医疗保险水平偏低的问题，2015年建立了面向城乡居民的大病保险制度。

由于医疗保险制度存在制度分割，不同人群由不同的医疗保险制度覆盖，而且统筹层次较低，大多以县为统筹单位，风险分摊能力较弱，也存在跨统筹区域流动人员的报销难题。为此，2016年国务院印发《关于整合城乡居民基本医疗保险制度的意见》，将城镇居民基本医疗保险制度和新型农村合作医疗制度进行整合。为解决流动人员医保报销难题，中央不断提高医疗保险的统筹层次，并从2016年开始实行跨省异地就医直接结算工作，到2021年，跨省异地就医住院费用直接结算服务已覆盖所有统筹区域、所有参保人员，为全国居民提供了有效的医疗保障。

　　尽管医疗服务体系随着市场化的推进不断完善，但市场化也带来了医疗费用不断上升，病患主要集中在大医院和大城市看病，出现看病难、看病贵的问题。为此，2006年党的十六届六中全会通过《中共中央关于构建社会主义和谐社会若干重大问题的决定》，提出"坚持公共医疗卫生的公益性质，深化医疗卫生体制改革"。2009年启动实施新一轮的医疗卫生体制改革，明确了保基本、强基层、建机制的基本原则和实现人人享有基本医疗卫生服务的目标。在看病难方面，通过提升基层医疗服务机构的能力，整合医疗服务资源，推进分级诊疗，推动病人分流。为了提升县医院的医疗服务能力，2004年推出万名医生支援农村工程，推动三甲医院对口支援县医院。在城市建立医联体，大医院带动小医院，在农村建设医共体，县医院连接乡镇卫生院。开展住院医生规范化培训，在不同医院提供均值化的医生和均值化的医疗卫生服务。并通过改进医保支付方式，对不同医院设定不同的医保支付价格，引导医疗服务需求分流。在看病贵方面，除了建立覆盖全体人民的医疗保障制度以外，还不断完善药品政策，通过药品招标采购，降低药品价格，并加强医院管理，解决医院以药养医的内在激励问题，降低医疗支出。经过近年来的各项医疗卫生体制改革，看病难、看病贵的问题得到较大程度改善，医疗服务均等化程度不断提升。

（三）住房保障体系建设逐渐推进

中国城市与农村存在不同的住房供应和保障系统。在新中国成立初期进行土地改革的时候，以宅基地的方式给农村居民家庭提供了住房建设用地。而城镇居民并没有分配相应的宅基地，其住房主要通过住房分配的方式供给。基于此，中国的住房保障及其改革主要是针对城镇居民。

中国城镇居民的住房保障主要分为三个阶段：一是福利分房阶段；二是福利分房与住房私有化并存；三是住房市场化与住房保障。在福利分房阶段，城镇居民主要通过福利分房获得住房，由政府统一供给。由于住房供给有限，城镇职工在获得住房的过程中往往需要按照资历等因素进行排队等候。在获得新分配的住房之前，与父辈同住，几代人同住的情况比较普遍，而且住房面积非常狭小，1978年城镇居民的人均居住面积仅为6.7平方米。为了解决住房拥挤、住房狭小的问题，住房制度逐渐从完全的福利分房向商品化转变。1982年推行了购买住房补贴"三三制"，1986年以提租补贴的方式在烟台等地进行试点。1988年国务院印发了《在全国城镇分期分批推行住房制度改革实施方案的通知》，住房改革在全国范围推进。1994年发布的

《关于深化城镇住房制度改革的决定》明确了住房改革的目标："建立与社会主义市场经济体制相适应的新的城镇住房制度，实现住房商品化、社会化；加快住房建设，改善居住条件，满足城镇居民不断增长的住房需求。"1998 年下半年开始停止住房实物分配。福利分房制度到此结束，住房商品化、社会化成为住房供给的主流。随后，商品房供给开始大幅增加。2018 年城镇居民人均住宅建筑面积达到了 39 平方米，是 1978 年的 5.8 倍，居住条件得到了大幅改善。

虽然商品住房的开发使住房供给大幅上升，但同时也伴随着住房价格的快速上涨。高房价成为住房供给改革之后，社会各界关注的住房问题。为了保障中低收入家庭的住房，保障性住房应运而生。2007 年国务院发布了《关于解决城市低收入家庭住房困难的若干意见》将保障性住房的对象扩展至低收入群体。该意见将增加保障性住房供给作为核心以缓解保障性住房不足，明确指出"城市新审批、新开工的住房建设，套型建筑面积 90 平方米以下住房面积所占比重，必须达到开发建设总面积的 70% 以上；廉租住房、经济适用住房和中低价位、中小套型普通商品住房建设用地的年度供应量不得低于居住用地供应总量的 70%"。虽然保障性住房的价格大幅低于商品房，但是仍有一些低收入家庭难以通过市场购买或者是租赁，为了缓解这一供需矛盾，2010 年国务院出台的《关于加快发展公共租赁住房的指导意见》首次将"公共租赁房"（即公租房）纳入住房保障的提供方式。由此，住房保障供应系统进一步完善，包含了"购买"和"租赁"两个部分，能够更好地满足中低收入居民家庭的住房需求。

2020年6月，湖南省长沙市雨花区保障性住房川和苑小区完成交房3154套，该小区由15栋高层住宅、4栋商业楼、1栋幼儿园以及其他配套设施组成。

如前所述，新中国成立初期城镇住房依靠福利分房供给，当时的住房多为平房，由砖瓦建成，房屋的存续年限相对较短，而且社区及周边的基础设施相对落后。在一些工矿区还有一些临时搭建的住房。为了改善这类住房的居住条件，2004 年辽宁率先开启了棚户区改造，对这些棚户区、老旧住房进行改造。2007 年《国务院关于解决城市低收入家庭住房困难的若干意见》指出，要加快集中成片棚户区的改造。2008－2012 年，全国改造各类棚户区 1260 万户。党的十八大以来，棚户区改造持续推进，国务院连续多年出台了相关工作意见，以加快棚户区改造工作的推进。2013 年、2014 年又改造各类棚户区住房 820 万套。棚户区改造工作在保障城镇低收入家庭住房方面起到了重要作用，在改善城镇居民住房条件的同时，有效增加了住房供给。

中国农村居民的住房供给与城镇具有较大不同。农村居民家庭有家庭宅基地，以自建住房为主，自建住房占比达 53.18%，购买新建商品房的占 21.81%，购买二手房的占比更低，仅占 6.73%。然而，农村贫困家庭难以对老旧的住房甚至是危房进行修缮和改建。为了保障农村贫困家庭的住房，《中国农村扶贫开发纲要（2011—2020 年）》明确将危房改造作为扶贫的重要内容，指出"到 2015 年，完成农村困难家庭危房改造 800 万户。到 2020 年，贫困地区群众的居住条件得到显著改善"。

从国际比较来看，中国居民家庭的自有住房率远高于欧美发达国家。2012 年德国住房达到 4000 万套，其中将近 2400 万套为出租房，德国的租房居民约占 45%。德国大约有 1/3 住户属于终生买不起房的阶层。中国人民银行关于中国城镇居民家庭资产负债的调查显示，2019 年中国城镇居民家庭的自有住房率高到 96%，有一套住房的家庭占比

重庆市南岸区铜元局长江村改造前后对比

为 58.4%，有两套住房的占比为 31%，有三套及以上住房的占比为 10.5%，户均拥有住房 1.5 套。经济日报社中国经济趋势研究院的调查显示，2018 年，93.03% 的居民家庭拥有 1 套住房，拥有两套及以上住房的家庭占比为 3.82%，没有住房的家庭仅占 3.14%。全国家庭平均自有住房套数为 1.02 套。虽然两项调查的数据略有差异，但是在住房自有率非常高这个结论上是一致的。通过住房改革、保障性住房供给以及农村危房改造，中国居民家庭的住房面积和居住条件得到了明显改善。伴随着劳动力的大量流动，住房所在地与现居住地之间依然存在较为严重的错配问题。与此同时，较高的房价依然是住房市场中比较突出的问题。党的十九大报告指出："坚持'房子是用来住的、不是用来炒的'定位，加快建立多主体供给、多渠道保障、租购并举的住房制度，让全体人民住有所居。"住房供给的持续改革，为缓解房价持续上涨以及住房与现住地错配提供了基础。

（四）社会保障体系不断完善

社会保障体系的主要目的是为国民建立安全防护网络，具有再分配功能，是实现发展成果由全体国民共享的体制机制，也是实现共同富裕的重要制度保障。经过多年的发展，中国已经基本建立起全民覆盖的社会保障体系，并在党的十八大以来逐渐提升社会保障体系的统一性、公平性、可持续性。

　　新中国成立以来，中国一直注重社会保障制度的建设。1951 年，《劳动保险条例》颁布，并经过 1953 年、1956 年两次修订，全面建立了适用于城镇职工的劳动保险制度，覆盖范围包括城镇机关事业单位以外的所有企业和职工。劳动保险费用完全由企业负担，待遇包括工伤、医疗、生育、养老、死亡丧葬和直系亲属抚恤金，以及其他职工福利待遇等。劳动保险待遇不仅覆盖职工本人，还惠及职工家属，为绝大多数城镇居民提供了稳定的社会保障。劳动保险金由工会组织管理，在不同企业、不同省市之间调剂，做到了全国统筹，在城镇职工内部实现了社会主义公平，但由于发展不足、经济落后，保障水平也较低。对于机关事业单位人员，则建立了由公费医疗、退休制度以及抚恤制度组成的公职人员社会保障制度。此外，中央还为城镇鳏寡孤独的老人、儿童与残疾人建立了相应的福利制度，形成了较为完整的城镇社会保障体系。

　　由于新中国成立初期农村实行了土地改革，农民生活得到较大改善，再加上国家财力单薄，农村社会保障主要体现为集体组织内部的成员互助，国家只在遭受重大自然灾害时出面救济。"五保"制度是一项有中国特色的农村集体福利保障制度，对于缺乏劳动力、生活没有依靠的鳏寡孤独的社员，由生产队或者是生产小组在生产和生活上给予适当安排和照顾，做到包吃、保穿、保烧（燃料）、保教（儿童和少年）、保葬，为农村困难群众提供了兜底性保障。随着合作化运动的兴起，农村建立了农村合作医疗制度，由农业生产合作社负责因公负伤或因公致病的社员的医疗，并酌量给以劳动日作为补助。并依托农村集体经济，建立卫生室和乡镇医院等医疗卫生机构，培训"赤脚医生"，通过互助合作的形式，为农村居民提供了初级的医疗保障。

"文化大革命"期间，由于负责城镇劳动保险事务的工会陷入瘫痪，再加上政府出台了《关于国营企业财务工作中几项制度的改革意见（草案）》，明确规定所有国营企业一律停止提取劳动保险金，劳动保险费用改在企业营业外收入中列支，所需费用由企业实报实销。自此，劳动保险由国家统筹转变为企业保险，各企业负担轻重不一。不过，国家也会对出现亏损、无力承担职工及家属社会保障的国营企业提供相应补贴。而农村集体福利保障事业则在此期间快速发展。以人民公社为代表的农村集体化发展强化了合作医疗制度，下乡的知识青年成为农村医生，为农村合作医疗提供了人力支持，"五保"制度也得到巩固发展。到1976年，全国农村93%的生产大队实行了合作医疗制度，覆盖85%的农村人口，农村居民身体素质得到大幅提升。

随着改革开放的推进，经济结构从单一的公有制转向多种所有制并存，不同企业负担不一，随着市场竞争加剧，企业保险难以为继。人民公社解体使农村集体经济衰落，依赖于集体经济的互助型农村集体保障制度逐渐瓦解。因此，社会保障制度也在不断改革，逐渐建立适应社会主义市场经济的社会保障体系。

1986 年，国务院发布《国营企业实行劳动合同制暂行规定》《国营企业职工待业保险暂行规定》《关于发布改革劳动制度四个规定的通知》，终结了计划经济时期统包统配的终身就业制，将之改为劳动合同制，并首次为失业工人建立失业保险制度，同时对劳动合同制工人退休养老实行社会统筹。劳动人事部发布《关于外商投资企业用人自主权和职工工资、保险福利费用的规定》，开始在外商投资企业试行缴费型社会保险制度。1993 年党的十四届三中全会通过《关于建立社会主义市场经济体制若干问题的决定》，将社会保障确定为市场经济正常运行的维系机制和市场经济体系的五大支柱之一，并提出"建立多层次的社会保障体系""城镇职工养老和医疗保险金由单位和个人共同负担，实行社会统筹和个人账户相结合"。

在养老保险方面，1995 年，国务院发布《关于深化企业职工养老保险制度改革的通知》，开始试点社会统筹与个人账户相结合的养老保险制度。1997 年，国务院在总结各地试点的基础上建立了统一的企业职工基本养老保险制度，但统筹层次较低，主要为县级统筹。2005 年，国务院发布《关于完善企业职工基本养老保险制度的决定》，将灵活就业人员纳入企业职工基本养老保险范畴。2010 年 10 月，第十一届全国人大通过了《中华人民共和国社会保险法》，规定城镇职工养老保险要逐步实现全国统筹，其他社会保险基金要逐步实现省级统筹。但机关事业单位人员仍然实行原来的退休制度。

农村养老保险在改革初期开始实行以乡或村为单位建立养老保险制度，但养老保险规模较小。1992 年开始试点建立以县为统筹单位的农村养老保险制度，规定以村为单位进行投保，个人缴费为主，集体补助为辅，国家予以政策支持，并实行个人账户，这就是俗称的"老农保"。但由于农民收入水平偏低，缴费参保能力和意愿偏弱，政府财力支持能力不足，很多地区的"老农保"难以维持。1999 年，国务院认为当前不具备实施农村社会养老保险的条件，叫停了"老农保"。2009 年 6 月，国务院常务会议决定试点新型农村居民养老保险，并明确"保基本、广覆盖、有弹性、可持续"的基本原则，确定三方负担、统账结合的基本模式。2012 年，新农保在全国全面铺开。

在城镇地区，2011 年建立了城镇非就业居民养老保险，2012 年基本实现城镇居民养老保险制度全覆盖。至此，基本建立了覆盖全部人群的社会养老保险制度。

社会救助方面，计划经济时期，济贫制度只面向无单位的困境人员，改革开放以后，市场竞争使城镇新贫困人口增加，有必要建立面向全民的新型社会救济制度。1993年，上海市率先建立城市居民最低生活保障制度，1994年，民政部开始在东南沿海地区试点最低生活保障制度，1997年开始在全国范围内实施。1999年，国务院颁布《城市居民最低生活保障条例》，最低生活保障制度上升至法制规范层面，城镇居民最低生活保障制度正式建立。此外，由流浪乞讨人员救助、医疗救助、教育救助、住房救助、就业救助等救助项目组成的综合性城镇社会救助体系逐渐建立。

农村社会救助制度的建立也从试点开始。1994年，上海市和山西省阳泉市各自开展农村低保试点。1996年在总结各地试点经验的基础上，民政部发布《关于加快农村社会保障体系建设的意见》和《农村社会保障体系建设指导方案》，要求各地积极试点、稳步推进农村最低生活保障制度。2007年，国务院发布《关于在全国建立农村最低生活保障制度的通知》，农村最低生活保障制度正式建立。

此外，中国还在试点的基础上建立了企业职工工伤保险和生育保险制度。劳动部于1988年组织讨论工伤保险等改革方案，并在海南、广东、福建、吉林等省开展试点。1994年《劳动法》规定，劳动者在遭受工伤的情况下可获得帮助和补偿。1996年，全国开始实行《企业职工工伤保

险试行办法》。为了进一步完善工伤保险制度，国务院颁布
的《工伤保险条例》于 2004 年 1 月 1 日在全国正式实施，
工伤保险制度上升至行政法规层面。在生育保险方面，
1994 年劳动部发布《企业职工生育保险试行办法》，开始试
行生育保险制度。1997 年劳动部印发《生育保险覆盖计
划》，要求在 1999 年底实现生育保险制度全覆盖。

党的十八大以来，为了全面建成小康社会，实现共享
发展和共同富裕目标，中央逐渐完善社会保障体系，致力
于建立城乡融合、统一公平可持续的多层次社会保障体系。
在养老保险方面，2014 年，国务院发布《关于建立统一的
城乡居民基本养老保险制度的意见》，要求将"新农保"与
城镇居民基本养老保险制度合并实施，建立统一的城乡居
民养老保险制度。2015 年，国务院颁布《关于机关事业单
位工作人员养老保险制度改革的决定》，要求机关事业单位
从 2014 年 10 月 1 日起，实施社会统筹与个人账户相结合的
基本养老保险制度，终结了机关事业单位与企业养老保险
制度的"双轨制"。2016 年，人社部发布《人力资源社会
保障部办公厅关于城乡居民养老保险关系转移接续有关问
题处理意见的复函》，流动人口养老保险转移接续的问题得
以明确。医疗保险的发展已经在前文简单说明，2017 年，
国务院开始试点合并生育保险和职工基本医疗保险，并于
2019 年全面推进。社会救助方面，2014 年国务院颁布《社

会救助暂行办法》，确立了社会救助制度城乡一体化。

2016年11月17日，在国际社会保障协会（ISSA）第32届全球大会上，中国政府被授予"社会保障杰出成就奖"，成为世界上第二个获此殊荣的国家。

　　总体而言，经过多年的发展，中国的社会保障体系逐渐完善，为推进公共服务均等化、实现共享发展和共同富裕创造了条件。

五 共同富裕的实现路径

习近平总书记在中央财经委员会第十次会议上指出："党的十八大以来，党中央把握发展阶段新变化，把逐步实现全体人民共同富裕摆在更加重要的位置上，推动区域协调发展，采取有力措施保障和改善民生，打赢脱贫攻坚战，全面建成小康社会，为促进共同富裕创造了良好条件。现在，已经到了扎实推动共同富裕的历史阶段。"扎实推进共同富裕是新时代的必然要求，也是广大人民的热切期盼。

习近平总书记擘画了实现共同富裕的宏伟蓝图和实现路径。习近平总书记在中央财经委员会第十次会议上指出："到'十四五'末，全体人民共同富裕迈出坚实步伐，居民收入和实际消费水平差距逐步缩小。到2035年，全体人民共同富裕取得更为明显的实质性进展，基本公共服务实现均等化。到本世纪中叶，全体人民共同富裕基本实现，居民收入和实际消费水平差距缩小到合理区间。"

关于扎实推进共同富裕的总体思路，习近平总书记在中央财经委员会第十次会议上指出："坚持以人民为中心的发展思想，在高质量发展中促进共同富裕，正确处理效率和公平的关系，构建初次分配、再分配、三次分配协调配套的基础性制度安排，加大税收、社保、转移支付等调节力度并提高精准性，扩大中等收入群体比重，增加低收入群体收入，合理调节高收入，取缔非法收入，形成中间大、两头小的橄榄型分配结构，促进社会公平正义，促进人的全面发展，使全体人民朝着共同富裕目标扎实迈进。"顶层设计与基层试点有机结合、流量和存量调控双管齐下、初次分配、再分配与三次分配协调配套，构成了扎实推进共同富裕的鲜明中国特征。

（一）顶层设计与基层试点有机结合

顶层设计与基层试点有机结合既发挥了党中央集中统一领导的政治优势，又充分调动了地方的积极性、主动性和创造性，是顺利推进改革的宝贵经验。通过顶层设计与基层试点相结合，攻克了一个又一个改革难点。习近平总书记在中央全面深化改革领导小组第七次会议上强调："改革开放在认识和实践上的每一次突破和发展，无不来自人民群众的实践和智慧。要鼓励地方、基层、群众解放思想、积极探索，鼓励不同区域进行差别化试点，善于从群众关注的焦点、百姓生活的难点中寻找改革切入点，推动顶层设计和基层探索良性互动、有机结合。"在扎实推进共同富裕上，依然显示了顶层设计与基层试点有机结合的特点。习近平总书记在中央财经委员会第十次会议上强调："要抓好浙江共同富裕示范区建设，鼓励各地因地制宜探索有效路径，总结经验，逐步推开。"

2021 年 5 月，中共中央和国务院正式印发《关于支持浙江高质量发展建设共同富裕示范区的意见》（以下简称《意见》），赋予浙江先行先试、为全国实现共同富裕探路的使命。《意见》充分体现着顶层设计与基层试点有机结合的思想。《意见》明确指出："当前，中国发展不平衡不充分问题仍然突出，城乡区域发展和收入分配差距较大，各地区推动共同富裕的基础和条件不尽相同。促进全体人民共同富裕是一项长期艰巨的任务，需要选取部分地区先行先试、作出示范。浙江省在探索解决发展不平衡不充分问题方面取得了明显成效，具备开展共同富裕示范区建设的基础和优势，也存在一些短板弱项，具有广阔的优化空间和发展潜力。支持浙江高质量发展建设共同富裕示范区，有利于通过实践进一步丰富共同富裕的思想内涵，有利于探索破解新时代社会主要矛盾的有效途径，有利于为全国推动共同富裕提供省域范例，有利于打造新时代全面展示中国特色社会主义制度优越性的重要窗口。"《意见》强调，"坚定维护党中央权威和集中统一领导，充分发挥党总揽全局、协调各方的领导核心作用，坚持和完善中国特色社会主义制度，把党的政治优势和制度优势转化为推动共同富裕示范区建设、广泛凝聚各方共识的强大动力和坚强保障。"

《意见》在实施机制、示范推广机制等保障措施方面，也渗透着顶层设计与基层试点有机结合的理念。《意见》明确要"坚持和加强党的全面领导。把党的领导贯穿推动浙江高质量发展建设共同富裕示范区的全过程、各领域、各环节；强化政策保障和改革授权。中央和国家机关有关部门要结合自身职能，加强对浙江省的指导督促，根据本意见有针对性制定出台专项政策，优先将本领域改革试点、探索示范任务赋予浙江，并加强对改革试验、政策实施的监督检查；建立健全示范推广机制，及时总结示范区建设的好经验好做法，归纳提炼体制机制创新成果，成熟一批、推广一批，发挥好对全国其他地区的示范带动作用；健全中央统筹、省负总责、市县抓落实的实施机制。依托推动长三角一体化发展领导小组，加强对浙江建设共同富裕示范区的统筹指导，国家发展改革委牵头设立工作专班负责协调推进本意见提出的任务措施。浙江省要切实承担主体责任，增强敢闯敢试、改革破难的担当精神，始终保持奋进姿态，立足省情和发展实际，制定具体实施方案，充分动员各方力量，不断开辟干在实处、走在前列、勇立潮头新境界。重大事项及时向党中央、国务院请示报告"。

浙江省作为高质量发展建设共同富裕示范区，在省内也形成了顶层设计与基层试点相结合的工作思路。浙江省鼓励各地结合实际，充分发挥特色优势，加快补齐短板弱项，切实找准推进共同富裕的切入点、着力点、发力点，构建各具地方特色的共同富裕行动方案。

《意见》发布以来，浙江省高质量发展建设共同富裕示范区顺利推进，充分显示了顶层设计与基层试点有机结合的工作思路的成效。浙江把扎实推动共同富裕示范区建设作为新时代全面展示中国特色社会主义制度优越性重要窗口的生动实践，以浙江先行探索努力为全国推动共同富裕探路。浙江省委省政府切实承担主体责任，立足省情和发展实际，构建新型工作体系和推进机制，全方位多层次推动《意见》落实落地，部分工作已经形成亮点、取得一定成效。2021 年，浙江省人均 GDP 达到 11.3 万元，城乡居民收入分别连续 21 年、37 年居全国省区第一位。国家发展改革委与浙江省一道，共同推进示范区建设扎实开展。国家发展改革委在推进浙江省高质量发展建设共同富裕示范区中的重点工作包括：一是加强统筹指导。不断推动完善中央统筹、省负总责、市县抓落实的实施机制，牵头设立工作专班协调推进《意见》提出的任务措施，与浙江省密切沟通联系，切实加强对示范区建设的督促指导。二是推动专项领域政策出台。谋划构建浙江示范区建设"1＋N"配套政策体系，协助浙江省积极对接中央和国家机关有关部门，优先将本领域改革试点、探索示范任务赋予浙江，明确责任分工，推动出台相关领域政策文件。三是总结推广成功经验。认真梳理浙江示范区建设好经验好做法，加快提炼体制机制新成果，及时向中共中央、国务院报告示范区建设进展情况，并向全国其他省份提供借鉴参考，更好发挥示范带动作用。

（二）扩大中等收入群体

扩大中等收入群体比重是实现共同富裕的重要途径。中等收入群体即是收入保持在全社会中等水平、就业相对稳定、生活相对宽裕的群体。扩大中等收入群体，构建橄榄型分配结构，既是实现共同富裕的题中应有之义，也是推动共同富裕的内在要求。共同富裕的内在要求即是在社会生产力高度发展、社会全面进步的基础上，由全体人民共享现代化成果。从实现共同富裕的内在要求看，扩大中等收入群体，形成中等收入者占大多数的橄榄型分配格局，有助于改善收入和财富分配状况，推动全体社会成员共同富裕，促进经济发展果实更好地由全体人民分享。从推动共同富裕的基础看，扩大中等收入群体也是构建双循环的新发展格局、促进高质量发展的需要。习近平总书记在《国家中长期经济社会发展战略若干重大问题》中指出："消费是中国经济增长的重要引擎，中等收入群体是消费的重要基础。"中等收入群体对高质量耐用消费品具有较高的消费能力和消费倾向，因此繁荣的中等收入群体是扩大消费需求、以市场聚产业、以新消费动能主导经济发展的必要条件。扩大中等收入群体，可以进一步增加居民的消费需求，有助于构建"双循环"新发展格局，推动高质量发展，确保中国平稳步入高收入阶段。

习近平总书记在中央财经委员会第十次会议上指出："着力扩大中等收入群体规模。要抓住重点、精准施策，推动更多低收入人群迈入中等收入行列。高校毕业生是有望进入中等收入群体的重要方面，要提高高等教育质量，做到学有专长、学有所用，帮助他们尽快适应社会发展需要。技术工人也是中等收入群体的重要组成部分，要加大技能人才培养力度，提高技术工人工资待遇，吸引更多高素质人才加入技术工人队伍。中小企业主和个体工商户是创业致富的重要群体，要改善营商环境，减轻税费负担，提供更多市场化的金融服务，帮助他们稳定经营、持续增收。进城农民工是中等收入群体的重要来源，要深化户籍制度改革，解决好农业转移人口随迁子女教育等问题，让他们安心进城，稳定就业。要适当提高公务员特别是基层一线公务员及国有企事业单位基层职工工资待遇。"习近平总书记的论断，为分类施策、重点突破，推动更多低收入人群迈入中等收入行列，稳步扩大中等收入群体提供了政策上的根本遵循。

中国已有超过 4 亿并不断扩大的中等收入群体，中国中等收入群体的人口规模已经超过美国的人口总量，与欧盟的总人口数规模相当。中国中等收入群体的绝对数量以及增长态势，为推进共同富裕、构建新发展格局、推进高质量发展提供了有力支撑。

从中等收入群体的分布看，中国中等收入群体的分布相对集中。约 90% 的中等收入群体为城市居民，约 55% 的中等收入群体居住在东部地区。此外，分省数据表明，各省份中等收入群体的规模与各省份的经济发展水平和城市化水平有一定的关系。人均 GDP 越高的省份、人均可支配收入越高的省份、城镇人口所占比重越高的省份，中等收入群体所占比重也越高。这说明，缩小城乡差距和地区差距以及提高城市化程度，有助于扩大中等收入群体规模。

从收入结构来看，中等收入群体的工资性收入在其总收入中的比重在 60%。高收入者与低收入者中，工资性收入在总收入中的比重也大体如此。这说明，工资性收入是所有人群的主要收入来源。相对于低收入者和高收入者来说，经营性收入对中等收入群体的重要性相对较低，经营性收入仅占到中等收入群体收入来源的 12%。财产性收入在中等收入群体的总收入中的比重在 10% 左右，远低于发达国家财产性收入的相对份额。例如，美国财产性收入在中等收入群体总收入中的份额在 20% 左右，日本在 24% 左右，瑞典在 30% 左右。对于发达国家的中等收入群体而言，财产性收入通常都构成其收入的重要来源。因此，增加财产性收入，是扩大中等收入群体比重的重要手段。而财富是财产性收入的根源，因此，从存量层面改善财富分配格局，也有助于中等收入群体规模的扩大。

总体而言，中国的居民收入分配格局还存在城乡、地区、行业之间的收入差距过大等问题，影响着中等收入群体规模的扩大。由于目前中国的中等收入群体大多分布在城市与东部地区，因此，缩小城乡差距和地区差距能够起到扩大中等收入群体规模的作用。

中等收入群体的内部差异性较大，需要选取部分群体分类施策、重点突破。高校毕业生、技术工人、中小企业主和个体工商户、进城农民工、公务员以及国有企事业单位职工既是重点增收群体，也是扩大中等收入群体的中坚力量。抓住重点、精准施策，能够推动更多低收入人群迈入中等收入行列。

河北省霸州市做好"产业+就业"这篇文章，吸纳当地群众在家门口就业，农村妇女增收不出门，实现从"家庭主妇"到"技术工人"的转变。图为该市一家家具公司缝纫车间，女工们正在操作缝纫机缝制餐边椅套面。

（三）初次分配、再分配与三次分配协调配套

习近平总书记强调："构建初次分配、再分配、三次分配协调配套的基础性制度安排，加大税收、社保、转移支付等调节力度并提高精准性。"

初次分配制度的改革是本原的、生产性的，它决定着不同社会群体之间的权力平衡程度以及再分配制度的可持续性。若无初次分配领域的深刻变革，再分配制度虽有助于改善低收入群体的生存状态，却无助于从根本上增强社会公平和消除社会排斥。因此，要从根本上扭转中国经济

转型中贫富差距加大的趋势，必须从消除社会排斥和推进初次分配制度的改革做起。此外，在初次分配阶段理顺收入分配秩序并有效控制收入差距，也能够减轻再分配政策的调控压力。在初次分配中，收入差距应是市场竞争结果的最终体现。政府的首要任务是提供公共服务，维护市场竞争秩序，规范生产要素和商品市场，促进市场发育，对垄断、行业进入障碍、贷款等要素市场的歧视性对待、劳动力市场流动障碍等市场失范现象进行纠正，确保分配环节中的过程公平。

再分配是政府调节收入差距的有效手段。发达国家的再分配政策对收入差距普遍发挥了较强的调节作用。OECD国家2018年的数据表明，除个别国家以外，OECD国家的再分配政策能将初次分配收入的基尼系数降低至少20%。比利时的再分配政策尤为有效，基尼系数在再分配后降低幅度达47.35%。总体上看，OECD国家初次分配收入和经再分配后的可支配收入的基尼系数分别为0.474和0.312。这说明，再分配政策使得OECD国家的基尼系数下降了34.18%。相比之下，包括中国在内的发展中国家再分配政策的调节作用较弱。

中国再分配政策对收入差距的调节效果还有待提高，需要完善以税收、社会保障、转移支付为主要手段的再分配调节机制，加大税收调节力度。税收是收入再分配的重要手段，累进税能够有效缩小收入差距。间接税在中国税制结构中占主体地位，但间接税基本是累退性质的，因而导致了中国税制整体上的累退性。个人所得税和选择性课征的消费税为累进性税收，能够在一定程度上中和间接税对收入差距的扩大效应。但目前中国累进性税收占税收收入总额的比重偏低，无法完全抵消间接税的累退性。因此，应逐步提高直接税的比重。此外，个人所得税对收入分配的调节功能相对有限，需要优化税制结构，而2018年个税改革迈出了坚实的一步。

7月12日，深圳市举办2022年"广东扶贫济困日"暨全社会助力乡村振兴活动，12家爱心企业共计划采购12.5亿元消费帮扶产品；14家企业、社会组织代表举牌，共认捐超4.85亿元，以实际行动助力乡村振兴、促进共同富裕。

三次分配是收入分配的有效补充。扎实推进共同富裕，需要充分发挥三次分配的作用。支持有意愿有能力的企业和社会群体积极参与公益慈善事业，在脱贫攻坚中企业与社会帮扶发挥了积极作用，这一成功经验与做法对推进共同富裕也具有重要意义。

（四）流量和存量调控双管齐下

《中共中央关于制定国民经济和社会发展第十四个五年规划和二〇三五年远景目标的建议》（以下简称《建议》）指出，要改善收入和财富分配格局。收入和财富分配格局决定了发展成果的分享方式与结果，收入和财富分配格局的改善是推进共同富裕的坚实基础。从经济学上看，收入是指个人或者是家庭在一定时期内获得的各类资源的价值，体现的是流量；财产反映的是在某一点上的积累量，体现的是存量。财产与收入密切相关，财富差距一般要大于收入差距。一些在收入差距的调控方面颇有成效的国家，在财富差距的调控上却不尽人意。收入和财富格局的调控顾此失彼，无疑影响到这些国家的居民对经济发展成果的分享。《建议》明确指出，改善收入和财富分配格局，意味着流量和存量调控双管齐下，这一方面是考虑到了中国财富差距快速扩大的趋势，需要采取切实措施进行存量调控；

另一方面，则彰显了中国的共同富裕之路与西方国家的迥然差异，通过流量调控和存量调控的联动，真正做到全体人民对经济发展成果的分享。

财产与收入之间具有密切的联系，收入的结余促成了财产的积累，而财产也能通过财产性收入等渠道促进收入的增长。此外，财产作为居民的资产，其自身也具有保值增值的功能，同样也会促成财产的积累。因此，人均财产的增长，一方面与收入的持续增长有关，另一方面也体现了资产本身的升值。收入和财产的分配状况直接关系到改革发展成果能否更多更公平惠及全体人民，关系到共同富裕目标的实现。作为收入积累的存量，财产差距不仅往往与收入差距呈现出一定的正相关性，而且由于财产累积效应的存在，财产差距往往要大于收入差距。例如，OECD 国家居民可支配收入的基尼系数通常在 0.30—0.50 变动，而财产的基尼系数则在 0.50—0.80。在改善收入分配格局的同时，注重财产差距的缩减和财富分配格局的优化，流量调控和存量调控双管齐下，能够有力推动全体人民共同富裕目标的实现。

改革开放以来，中国的经济转型与经济发展取得了举世瞩目的成就。与此同时，居民财产分配格局也发生了深刻的变化。随着家庭联产承包责任制的推行、住房改革的实施、个私企业的兴起、金融市场的繁荣，居民的财产积累渠道不断拓宽，居民的财产呈现出不断增长的态势。中国居民财产的增长速度不仅要快于中国居民收入的增长速度，而且也要快于美欧发达国家居民的财产增长速度。然而，在居民财产快速增长的同时，中国居民的财产差距也在显著拉大。尽管中国居民各个财产等分组的财产都有所增长，也即中国居民财产差距的扩大是在全体居民的财产都有所增长的基础上发生的，但不可否认的是，部分居民的财产增长幅度过大。而从国际比较的视角来看，中国居民财产差距的绝对水平不高，但居民财产差距的增长速度很快。《建议》提出在改善收入分配格局之外，也要改善财富分配格局，体现了对财富分配差距拉大的准确预判和适时干预。

从家庭财产的构成来看，房产净值是家庭财产最重要的组成部分，房产增值也是财产增长的重要推手。房产净值在家庭财产中的份额极高以及自身分布的不均等，使得房产净值成为家庭财产差异的最重要成因。因此，将房地产市场的管控以及房产净值分布差距的缩减作为政策的着力点，可以有效调控财富分配格局。党的十九大报告指出："坚持房子是用来住的、不是用来炒的定位，加快建立多主体供给、多渠道保障、租购并举的住房制度，让全体人民住有所居。"通过控制房价及其上升预期，提高低收入群体的购房能力，加快建设保障房坚持租购并举，加快发展长租房市场，推进保障性住房建设，调控住房信贷市场，使得住房逐渐回归居住属性，推动了房产净值乃至财富分配差距的缩小。

后　记

　　共同富裕是社会主义的本质特征，也是中国式现代化道路的重要特征。自中国共产党成立之日起，就确立了为中国人民谋幸福、为中华民族谋复兴的初心使命，将实现中国人民的共同富裕作为自己的奋斗目标。新中国成立 70 多年特别是改革开放 40 多年来，创造了世所罕见的经济快速发展奇迹和社会长期稳定奇迹，在迈向共同富裕之路上取得了坚实而又长足的进步。经过一代代人的艰辛努力，中国已经历史性地解决了绝对贫困问题，全面建成了小康社会，为扎实推进共同富裕打下了坚实基础。中国已经到了扎实推动共同富裕的历史阶段，到 21 世纪中叶，全体人民共同富裕将基本实现。

　　本书旨在向国内外读者介绍中国在迈向共同富裕的道路上阔步前进的历程，力图从共同富裕这一角度讲好中国故事、提炼中国发展规律、总结中国经验。具体而言，本书从理论上阐释了社会主义、现代化与共同富裕的联系，回顾了一百年来中国对共同富裕的不懈追求与伟大实践，探讨了新时代共同富裕的基础条件，阐明了共同富裕的基本思路与重点任务。

共同富裕的一方面内涵是"富裕"。全体人民共同富裕目标的实现，首先是国家要富裕，要有足够大、足够好的"蛋糕"。本书回顾了中国经济的增长奇迹及其经验，展望了中国未来的经济增长潜力，探讨了如何通过高质量发展做大做好"蛋糕"以夯实共同富裕的物质基础。

共同富裕的另一方面内涵是"共同"，也即发展成果由全体人民共享。本书从处理好效率与公平的关系以及缩小城乡区域发展和收入差距等方面，讨论了如何切好、分好"蛋糕"。本书进而以精准脱贫、低保、劳动力流动、就业等为例，论述了以人民为中心的发展思想及其伟大实践。本书也从教育、健康与医疗、住房供应与保障、社会保障体系等方面阐述了中国在促进人的全面发展和社会公平正义方面取得的伟大成就。本书的最后一章探讨了扎实推进共同富裕的实现路径。

本书由我和邓曲恒研究员共同完成，绪论和第一章由我执笔，第二章到第五章由邓曲恒研究员执笔，我们试图在较小的篇幅内呈现共同富裕的宏大叙事，因此显然难以对共同富裕的深刻理论内涵和中国推进共同富裕的伟大实践进行面面俱到的阐释。为进一步加强对共同富裕这一重大论题的研究，我们中国社会科学院经济研究所组织了全所科研力量，对共同富裕进行了全景式、系统性的研究，即将在 2022 年底由中国社会科学出版社推出《中国经济报告（2022）——实现共同富裕》。敬请有兴趣深入研究共同富裕的读者到时参阅。

感谢中国社会科学出版社"理解中国道路"丛书的选题策划。赵剑英社长和王茵副总编辑对本书给与了支持与指导，责任编辑黄晗细致地编排并校对了书稿，在此一并表示感谢。

黄群慧

2022 年 6 月